藤原正彦の
代表的日本人

藤原正彦

文春新書

1459

藤原正彦の代表的日本人　◎目次

（本書は『文藝春秋』二〇二三年八月号～二〇二四年二月号に掲載された「私の代表的日本人」に加筆したものです）

はじめに

内村鑑三は日清戦争の始まった明治二十七年（一八九四年）、『代表的日本人』を英語で著した。日本が欧米列強に肩を並べようと近代化に邁進《まいしん》していた明治時代、西洋人が日本人を見る目はまだ差別的で、ロシアのニコライ二世などは「黄色い猿」と呼んでいたほどだった。アメリカも同様だったから、そこへ留学した内村は幾多の悔しい思いを経験したはずである。この留学を通し内村は、夢にまで見たキリスト教国アメリカより、異教国日本の方がはるかに道徳が行き渡っていることを知って衝撃を受けた。欧米人の日本蔑視は、鎖国を解いて間もない有色人種国日本の目覚ましい発展を目の当たりにした欧米諸国が、白人優位を脅かすのではという不安に駆られた結果であった。

この不安は日清戦争後には黄禍《こうか》論《ろん》にまで発展した。そんな中で内村は、日本人を盲目的な忠誠心と極端な愛国心に彩られた小賢しく好戦的な人々、と一面的に捉える欧

内村鑑三

米人に、日本にもキリスト教文明に勝るとも劣らない深い精神性が存在することを理解させよう、という思いで『代表的日本人』を著したのであった。そこで取り上げたのは西郷隆盛、上杉鷹山《ようざん》、二宮尊徳、中江藤樹《とうじゅ》、日蓮の五人であった。

本書において、私は代表的日本人として、「日本人」の美質を体現した人という観点に立ち、江戸時代から二人、明治時代から三人を選んだ。観点をこのように絞っても、代表的日本人は選ぶ者によって千差万別となろう。本書の五人は、私が独断で選んだ五人である。日本人らしい日本人、すなわち勇気、正義感、創造性、郷土愛と祖国愛、そして何より惻隠《そくいん》の情などを中心に人物を選んだつもりである。江戸からは和算家の関孝和《せきたかかず》、米沢藩主の上杉鷹山、そして明治からは近代日本の先導者福沢諭吉、日露戦争時の隠れたヒロイン河原操子《みさおこ》、会津人を全うした柴五郎である。五人とも、日本人の美質を十二分に発揮し、海外からも高く評価された人々である。

関孝和は元禄時代に、四世紀も前の元《げん》時代の中国数学を学び、そこから出発して、明、清時代の中国をはるかに追い抜き、部分的には西欧数学を凌駕《りょうが》するまで、ほとんど独力で切り拓いた独創的天才である。世界中の理工系の大学一年生は、線形代数学で習う行列式はドイツの天才ライプニッツの発見したものと教わるが、実はその十年前に関孝和が発見して使っていたものだった。日本人の数学好きという美質には、安土桃山時代に来日した宣教師も驚嘆し、ローマのイエズス会本部に「日本に来る宣教師は、来日前に数学を勉強させるように」と書き送ったほどである。吉田光由《よしだみつよし》の著した算学書『塵劫記《じんこうき》』が、江戸時代に四百種をこえる類書が刊行されるベストセラーとなったのもその表れである。数学の本がベストセラーになったのは古今東西未曾有であろう。関孝和を筆頭とする和算家が全国にいて、庶民にまで数学が広がっていたのである。このおかげで日本の庶民は江戸時代、識字率ばかりでなく数学能力においても世界で図抜けていた。この土台があったからこそ、明治になって西洋の進んだ科学技術を、他の非西洋諸国とは違い瞬く間に吸収することが可能となり、帝国主義の吹き荒れる中で、欧米の植民地となるのを回避できたのであった。関孝和は「数学好き」と「独創性」という日本人の美質を存分に示してくれた人物であった。

上杉鷹山は江戸中期の米沢藩主である。鷹山は「治者は民の父母」をモットーに、武士道精神、とりわけ惻隠に満ちた政治を行なった人である。現在、世界のどこの国に、こんな首相や大統領がいるだろうか。上杉鷹山を思うと、アメリカの喧伝《けんでん》する民主主義が色褪せたものにさえ見える。

明治時代の三人は、日本人の美質に加え、明治の時代精神を体現した人を選んだ。明治の時代精神とは、第一に国家的精神である。国家と自己との一体感である。明治の人にとって国家はすでにでき上がったものでなく、維新の動乱以来、その形成過程を目撃し、それによる変化を実体験しているから、自分が国家形成に参加した当事者の気分でいた。だから日清戦争勝利後に三国干渉を受け、せっかくとった遼東半島を返還させられた時は、皆が悔し涙をこぼし、一九〇二年に日英同盟が結ばれた時は、日本中が嬉しさのあまり門に日の丸を飾ったのである。日清日露の両戦役はもちろん、欧米各国との間に結ばれた不平等条約の改正とか自由民権運動などに関しても、すべての国民が傍観者ではなく、当事者としての強い関心を持っていたのだった。

この国家精神はナショナリズムに近いものであったが、帝国主義の吹きすさぶ当時において、日本の独立自尊のためには仕方ないものであった。キリスト者の内村鑑三も、社会主義者の幸徳秋水も熱烈な愛国者であった。

第二に進取の気性である。文明開化は、国家が欧米の進んだ科学技術や社会制度などを取り入れたばかりでなく、封建時代の身分制度をはじめとする閉塞感から解放された個人が、新しいことに挑戦し始めた時代でもあった。

第三が武士道精神である。武士は消滅したが、明治になっても武士道精神は残った。すなわち誠実、勇気、惻隠、卑怯を憎む心、名誉と恥の意識、献身などである。これらはおそらく縄文時代からの日本人の道徳の中核だったから、維新という体制の大激変にもかかわらず残ったのである。この三つは日本人の美質でもあるから、これらを体現した人として、誰でも知る福沢諭吉、余り知られていない柴五郎、ほとんど知られていない河原操子を選んだ。

内村鑑三は『代表的日本人』を、日本人を見下す外国の人々に、日本人の深い精神性を理解してもらいたいとの思いから執筆したが、私は本書を、人間にとって最も大切といえる道徳において、周回遅れで前に見える欧米を、見上げてばかりいる日本の人々に、日本人の美質を思い起こしてもらいたいとの思いから執筆した。それを体現した人々の苦闘と栄光を知ることで、占領軍によりズタズタにされた祖国への自信と誇りを取り戻すきっかけになればと思う。十九世紀の英国人社会思想家サミュエル・スマイルズの言葉を思い出す。

「国家とか国民は、自分たちが輝かしい民族に属するという感情により力強く支えられるものである」

関孝和

算聖と呼ばれた大天才

「西暦五〇〇年から一五〇〇年にいたる十世紀間、万葉集を初めとする日本の文学は隆盛を極めた。この十世紀間に全欧米で生まれた文学を質および量で圧倒している」と私はかつて『国家の品格』の中で書いた。

実際、その期間、アメリカは歴史の舞台に登場していなかった。ヨーロッパでは古代ギリシャや古代ローマの築いた文明は、四世紀のローマ帝国のコンスタンティノープル遷都やキリスト教の国教化などにより、廃《すた》れてしまった。優秀な学者や軍人が東方に移り、文化的に遅れたゲルマン諸民族が軍事力や政治力をふるうという中世に入ったのである。キリスト教以前に花開いた古代ギリシャの自由な学問や文化は異教徒のものと見下され、ついには忘れ去られた。小さな土地を巡って王侯間の抗争が延々と続くというありさまだった。ギリシャ・ローマを忘却したヨーロッパは、無知と貧困の渦巻く蛮族の地に過ぎなかったのである。

ケンブリッジ大学で同僚だった数学者の夫人が先日、拙宅にランチに訪れた。ケンブリッジ大学出身で『国家の品格』の英語版を読んでいた彼女は、「実際私も、その十世紀間の英文学を『カンタベリー物語』しか知らないの」と言って、自嘲気味に笑った。かく言う私だって、その十世紀間に限ったら、ドイツ文学は『ニーベルンゲンの歌』のみ、イタリア文学は『神曲』と『デカメロン』のみしか知らず、フランス文学などは一つも知らない。

無論数学のレベルも低かった。ローマ数字には0がないため、1、10、100、1000をI、X、C、Mと書くなど簡便に数字を表せない。これでは暗算はもちろん、筆算すらできるはずもない。専門家ですら十一世紀、十二世紀になって、$\sqrt{2}$が有理数か無理数か、すなわち分数で表せるか表せないかを議論していた。ピタゴラスなどが活躍していた古代ギリシャでは無理数であることが知られていた。文明は着実に進歩しても、文化は退歩することがある、という典型例である。ちなみに中世において数学に関してはイスタンブール辺りにあったビザンチン帝国、ペルシャ、インドなどが優れ、十三世紀になると、東西を股にかけた知的交流のお陰で元の数学が世界のトップクラスとなっていた。

一方、「世界水準で見て、日本の文学は古くから隆盛を極めていたが、数理の方面はまるで見るべきものがなく、明治になり欧米に教えられ、やっと発達し始めた」と思っている人が多いようだ。確かに明治維新まで、我が国に物理学や化学はほとんど存在しなかった。

宣教師たちを驚かせた数理好き

しかし数学に関しては事情が異なる。江戸初期に突如、偉大なる発達が始まった。関孝和《せきたかかず》という天才の出現による。

日本にいつ数学が現れたのかは不明だが、各地から発掘された古い木簡などには九九が書かれている。「いんいちがいち」ではなく、「くくはちじゅういち」から始まるのは面白いが、七世紀半ばには知識階級はすでに九九を知っていたらしい。奈良時代の官吏養成学校では、数学が租税、建築土木、暦などの必要から正規科目として取り上げられ、『九章算術《きゅうしょうさんじゅつ》』という中国の教科書に沿って加減乗除やその応用が教えられていた。柿本人麻呂も九九は知っていて、万葉集の中で、望月のことを三五月と書いている。

その後我が国の数学はたいした進歩を見せなかったが、日本人の数理好きは安土桃山時代に来日したイエズス会宣教師たちを驚かせた。イエズス会は、十六世紀の宗教改革で劣勢となったカトリック教会が海外布教などで勢いを盛り返そうと、一五三四年に作った組織である。そこから派遣され一五四九年に鹿児島に上陸したフランシスコ・ザビエルは、二年余り日本に滞在し布教した。彼はイエズス会本部にこんな手紙を書いている。

「この国の人々は今までに発見された国民の中で最高であり、日本人より優れた人々は異教徒の間では見つからないでしょう。……彼らは名誉を何より重んじ、貧しさを不名誉と思っていません。貧しい武士が金持ちの商人に尊敬されています」「日本人は好奇心が強く、うるさく質問し、知識欲が旺盛で、質問には限りがありません。彼らは地球が丸いことを知りませんでした。……天文や気象についてしきりに質問します。このような質問に答えられる学識を有することは布教に役立ちます」

ザビエルが日本人の科学や数学への興味を強調したのに対し、同じころに明で布教活動をしていたマテオ・リッチが、「中国人は暦の作り方、地図や大砲の作り方など実用技術に興味を持っている」と書いているのは対照的である。

ザビエルの要請を受け、ジェノバの名家出身で、ローマのコレジオ・ロマーノで一流の天文学者クラヴィウスに数学を学んだカルロ・スピノラが、十六世紀末に宣教師として日本に派遣された。一六〇二年に長崎に着いたスピノラはそこで日本語を学んだのち、禁教令の緩んだ一六〇五年から七年間、京都の天主堂などで天文学や数学を教えた。天文学は暦と深く関連していて農業に重要である。数学とは比例、平方根や立方根の求め方、ユークリッド幾何学の初歩などだった。

これはヨーロッパでも最新の数学だった。古代ギリシャ、古代ローマの文献や学問を、中世を通し大事に保存していたアラブ世界から、ヨーロッパはルネッサンス期に数学を学んだばかりだったのである。

と言うよりむしろ、三九五年に建国され、首都コンスタンティノープルを中心に繁栄していたビザンチン帝国が十三世紀ごろから弱体化し、そこにあったギリシャ・ローマの古典がヨーロッパに流れ、各国語に翻訳され、ルネッサンスが始まったのだった。現在我々が使う数字「アラビア数字」や小数がヨーロッパで広く使われ始めたのは十六世紀になってからである。

スピノラは日本からイエズス会への手紙でこう書いた。

「数学は親しい雰囲気の中で、大名たちと打ち解けるのに役立ちます。彼らはその種の科学を大変に喜びます。御所や将軍からも招かれました。ここでの布教に最も必要なのは、日本人に尊敬されることで、それには数学を知っていることです」

数学書が江戸時代のベストセラーに

スピノラの講義を聴いていた中に、『塵劫記《じんこうき》』を著すことになる十歳の天才少年、吉田光由《よしだみつよし》がいた。ところが、宣教師をスペインなどによる日本征服の先兵と考えた幕府が、一六一二年に禁教令を公布したためスピノラは京都を去った。翌年にはさらに厳格となりこの天主堂をはじめ各地で多くの教会は壊され、宣教師は国外追放され、

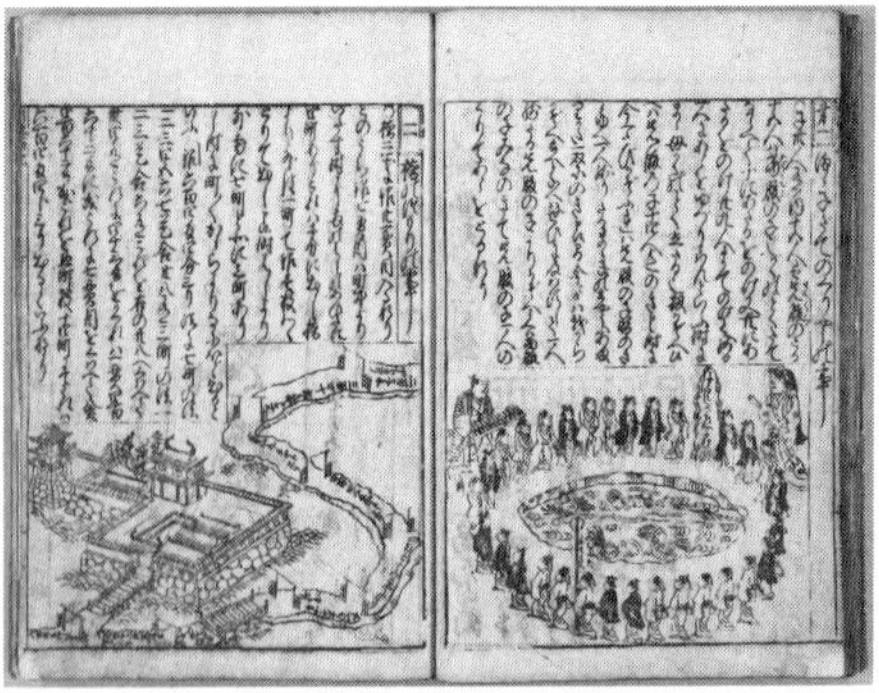
『新編塵劫記』

信者は拷問されたり処刑されたりした。スピノラは長崎に潜伏し布教活動を続けていたが、一六一八年に捕縛され、投獄された。その四年後、一六二二年に長崎西坂において五十五人のキリシタンが火あぶりと斬首に処された。スピノラはこれら殉教者の一人となった。日本における数学発展の先駆けを作った恩人に対するあまりに酷《むご》い仕打ちであった。

吉田光由が一六二七年に著した『塵劫記』は、米の売買、小判の両替、田の面積や利息の計算法、木に登らず比例を用いて木の高さを求める方法など、貨幣経済の発達や日常生活に即した問題について絵を多用して説明している。ユーモアもふんだんにある。「絹盗人算」では、太鼓橋の下で盗んだ反物を分配している悪相の男たちと、橋の上でその様子を見ている侍と二人の町人の絵が描いてある。「盗人たちは、『一人十二反ずつ分けると十二反余り、十四反ずつ分けると六反不足する』と話している。盗品の反物と盗人の数を求めなさい」というのが問題である。これは今でも私立中学受験生が塾で「絹盗人算」改め「過不足算」の名で教えられているものである。

また『塵劫記』は、十倍ごとに一、十、百、千、万、億、兆……となるなど、それまで統一されていなかった数え方を、十倍ごとに一、十、百、千、万、十万、百万、千万、一億、十億……とする現在の方式に定めた。これは今日でも世界で最も単純な命数法である。この本は老若男女の間で大評判となり、『東海道中膝栗毛』にも登場するほどのベストセラーかつロングセラーとなった。改訂版の他、著作権がなかったため海賊版も多く、江戸末期までに四百種類以上の『塵劫記』が出版されたという。交通が発達し度量衡《どりょうこう》や金銭相場の全国統一がなされたため、計算が日常生活に必要なツールとなったのである。

この本の普及により大衆が算盤、九九、割算を使えるようになった。人類史上、数学書がベストセラーとなったのは空前絶後ではないか。私が英国にいた頃、『数学——民衆の敵ナンバー1』という本が書店に並んでいたのを思い出す。数学を得意とする専門家も現れ、庶民に教えるようにもなった。

『塵劫記』には遺題と称して実用とは離れた知的好奇心を掻き立てる未解決問題が十二題ほど掲出してある。多くの人々がこれを解こうと必死になった。解答を発見した人は算術書を著し、そこに新たなる遺題を載せた。このようにして和算は進化していった。また全国津々浦々の数学自慢の間で、自分の作った難問とその解答を板に書き、それを額に入れた算額を神社や寺に奉納し大勢の人に見てもらう、というのが流行した。我が国独自の研究発表手段だった。現存する最古のものは栃木県佐野市の星宮神社に奉納された一六八三年のものである。こうして『塵劫記』は実用の道具としてばかりでなく、文化としての和算を大衆に広めるきっかけとなった。和算は名著『塵劫記』により、素晴らしいスタートを切ったのである。

上州に生まれた「神童」

このような時代に、後に算聖と呼ばれることになる大天才、関孝和が生まれた。生年や生地は不詳であるが、上州藤岡（群馬県藤岡市）で、武士、内山七兵衛永明の次男として一六三九年ごろに生まれたという。孝和は幼いころから神童とうたわれ、『塵劫記』や暦術を独学し、元の時代、一二九九年に朱世傑《しゅせいけつ》により著された、当時世界最高峰の『算学啓蒙《さんがくけいもう》』を苦心のすえ読破し、天元術《てんげんじゅつ》を会得した。この難しい本を理解したということが甲府侯徳川綱重の耳に入り、勘定吟味役（会計監査役）として召しかかえられた。

天元術とは算木と呼ばれる長さ数センチから十センチほどの長方形の木片を用い、数字を表したり、またそれらを動かし四則演算や方程式を解いたりするもので、器具代数と呼ばれるものである。東西交流の盛んだった元の時代は、ペルシャ、アラビアの影響を受け、中国数学の絶頂期であったが、保守的な明の時代に入ると、一気に沈滞した。『算学啓蒙』は五百年余りたった清の時代、一八三四年に復刻されるまで中国では忘れられ、天元術も忘れられていた。ヨーロッパでは、中世に十世紀間ほどの文化の後退があったが、中国においても、明から清にかけての五世紀余り、文化の後退が見られたのである。

江戸期の和算家は天元術を自家薬籠中の物として使っていた。『算学啓蒙』はすでに中国にはなく、たまたま朝鮮にあったものが秀吉の朝鮮出兵時に日本にもたらされていた。

その復刻版が一六五八年、孝和十九歳のときに出版された、というのは孝和にとって絶好のタイミングだった。復刻が十年遅かったら、算聖関孝和はなかったかもしれない。天才は必ず「ツキ」に恵まれるものである。天才の種は多くあるが、ほとんどは絶好のタイミングで良い本や良い師に出会い、学問的刺激を受けたり励まされたりする、といった幸運に恵まれず、才能を開花できないまま一生を終えてしまうのである。

三十五歳で和算界の頂点に

孝和は続いてやはり元の時代の方程式論である『楊輝算法《ようきさんぽう》』や暦書である『授時《じゅじ》暦《れき》』など、難解で聞こえた書を読破した。数学や暦術に関する元からの文献を渉猟した孝和は、十年以上かけこれを吸収したばかりか大いに発展させ、点竄術《てんざんじゅつ》を完成させた。学習者を終え、すでに独創的数学者になっていた。

まず傍書法を導入した。すなわち甲たす乙を|甲乙、甲引く乙を|甲亿、甲かける乙を|甲乙などと記し、多項式の表し方を定めた。ついでそれらの操作による代数方程式の近似解の求め方、つまり点竄術を創ったのである。今日では未知数 x や y を用いて解くが、甲や乙を用いた孝和の方法は本質的に同じである。これを独力で発見したのである。器具を用いず、筆算で方程式を解くという画期的なものだった。

孝和による代数方程式の解法は元の時代の方法より一般的であり、一世紀以上あとの一八一九年に英国で発見されたホーナーの解法とまったく同一であるが、実はそれ

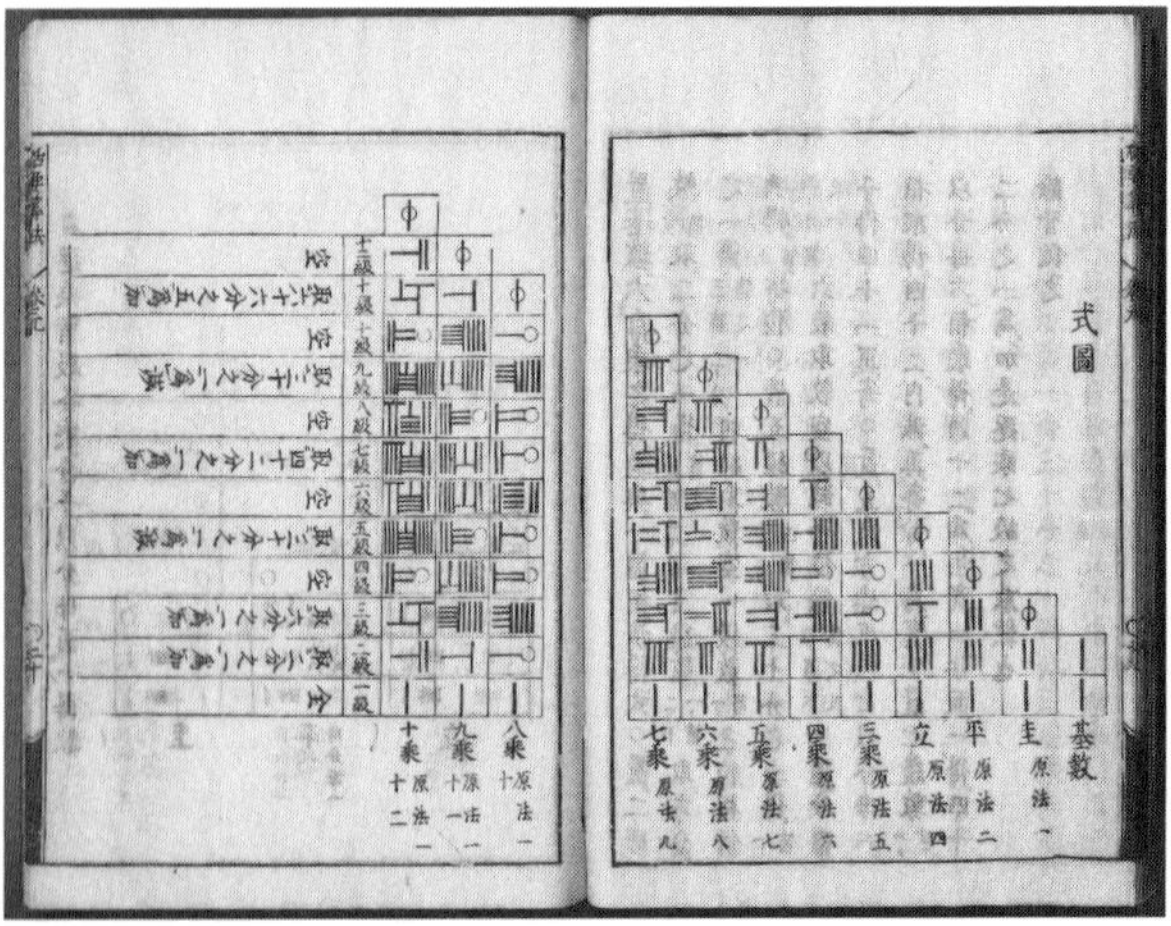

関孝和の遺稿を門弟が整理した『括要算法』

以上のことをやり遂げていた。天元術やホーナーの解法は未知数が一つの代数方程式には有効だが、多元の高次連立方程式の取り扱いが困難である。孝和はそんな場合であっても代数的操作により未知数を一つずつ消去し、未知数一つの方程式に帰着する方法を編み出した。今で言う行列式（正確にはより一般的な終結式）を発見したのである。

ヨーロッパでは大天才のライプニッツが行列式を一六九三年に発見したが、関孝和はより高度なものを十年早く発見していた。ただ孝和の業績は近年になるまで欧米に伝わらなかったから、行列式を学ぶ世界中の大学の理工系や経済系の一年生は、それがライプニッツにより発見されたものと教えられている。器具代数を脱し筆算代数を創造したのは驚嘆すべき独創であり、以後の和算の急速な発展の原動力となった。歴史始まって以来、中国に数学を学んできた日本が孝和の出現で一気に中国を追い抜いたのであった。この状態は今日に至るまで保持されている。

未知数を x や y などの記号で表し方程式を立てる、というのは、ヨーロッパでも『方法序説』で有名なデカルトなどが孝和の数十年前に始めたばかりであった。孝和はその主著『発微算法《はつびさんぽう》』（一六七四）において、この点竄術を用い、いくつもの難題を解いてみせた。孝和は一気に和算界の頂点に立った。三十五歳であった。

孝和が数学とともに力を注いだのは信頼できる暦の作成だった。当時、日本で用いられていた暦は八二二年に唐で作られた宣明暦《せんみようれき》であった。我が国では八六二年に使い始めてから八百年ほど経っており、日食や月食ですら正確に予測できなくなっていた。

中国では何度も改暦していた。勢力争いにより王朝が替わると、前王朝の痕跡を一掃しようと、一族郎党や官僚や宮廷人など数万から数十万の人々を皆殺しにした。そして人心一新を図るため新暦を人民に押し付けた。前漢の頃から孝和の頃までの約二千年間に、中国ではなんと四十回以上の改暦があった。

一方の日本では、遣唐使を八九四年に廃止してから新しい暦が入ってこなくなったし、かといって自ら改暦する力もなかったからいつまでたっても宣明暦を使っていた。この暦は平均すると一年を三六五・二四四六日とするものである。実際（一太陽年）は三六五・二四二二日だから、毎年わずかだがズレが生ずる。これが八百年間に積もり積もって大きなズレとなっていたのである。

孝和の時代、日本では宣明暦には二日のズレが出ていた。日月食の予報もしばしば外すようになっていた。江戸幕府が安定したころになって、改暦の機運が高まった。会津藩、紀伊藩、水戸藩など親藩が改暦に向けて予備研究を始めた。

とりわけ熱心だったのが、二代将軍秀忠の四男であり、三代将軍家光の異母弟にあたる会津藩主、保科正之だった。秀忠が乳母の侍女に産ませた庶子だった。正之は、幼少にして高遠藩主の保科家に養子に出されたが、たぐいまれな聡明さにより次第に頭角を現し、長じて会津二十三万石の初代藩主に迎えられ、会津松平家として子孫が代々会津藩主を務めることとなった。三代将軍家光はこの七歳下で英明な弟を可愛がった。桜田門外に上屋敷を与えるなど、他大名とは別格に扱った。

保科正之は会津藩に暦学者を招き改暦のための研究を始めていた。そして古くなった宣明暦を廃し、元の時代の郭守敬《かくしゅけい》による授時暦に改めるのがよい、という結論に達していた。中国暦法中の最高傑作という評判のものだった。このころ、かねてから知っている将軍家碁所四家（本因坊、林、井上、安井）の渋川春海《しぶかわはるみ》（別名、安井算哲）が、改暦を目指し天体観測を続けているとの噂が保科正之の耳に入った。

渋川春海は将軍家碁所四家の一つである安井家に生まれ、幼いころから俊才の誉れが鳴り響いていた。孝和と同じ一六三九年生まれの春海は、秋冬は江戸で本業の碁を打ち、春夏は京都に住み、山崎闇斎《あんさい》の下で朱子学を学ぶかたわら、一流学者を師に神道、天文学、暦学などの勉学に励んでいた。

江戸では将軍家碁所として御三家をはじめ多くの権門に接し、京都では和漢の素養、神道や暦学の造詣を通して朝廷の貴人と接する機会に恵まれた。碁の方では二十歳の時に将軍の前で年に一度行なわれる御城碁《おしろご》で、本因坊道悦に黒番四目勝ちしたほかは大した記録が残されていない。

保科正之はさっそく、二十八歳の春海を会津に招き、数ヵ月にわたって会津藩の暦学者二名と改暦を検討させた。暦書は普通、専門用語と定数値や数表が配列され計算値が示されているだけで、背後の数理を突き止めるには高度の数学力が要求される。春海と会津の学者は知恵を振り絞ったが、結局授時暦の数理を解明できなかった。会津の会合は何も生まないで終わった。

改暦競争の理論と実証

甲府侯徳川綱重に仕えていた関孝和も改暦に少なからぬ関心を抱いていた。三代将軍家光の三男である綱重は、長兄の四代将軍家綱に男子がいないこと、次兄は夭折《ようせつ》していることから、五代将軍になる夢を抱いていた。そして五代将軍レースのライバルとなりそうな弟の四男綱吉や叔父の保科正之に対抗意識があった。そんなことから、賢明で聞こえる綱吉や保科正之を凌いでみせようと、改暦に熱を入れていた。

主君のこんな気持ちを知っていた孝和は、保科の信任を受けて改暦作業に携わる同年齢の春海に負けてはならじ、と内心燃えていた。自らの名声を求めることに淡白で、数学研究の成果を隠す傾向にあった孝和だが、恩を受けてきた主君のためとあらば違った。

囲碁の名家に生まれ、幼いころから「京都に神童あり」と称えられ、名だたる学者たちから教えを受け、学者として碁打ちとして名声を上げている春海。上州の田舎侍の次男として生まれ、八歳で両親を流行病《はやりやまい》で失い養子に出された自分。どうしても負けるわけにはいかなかった。

孝和は暦作成のために関連する数学的諸問題や理論研究に没頭した。同時に月の軌道計算などに必要な球面三角法を開拓し、円周率を小数点以下十一桁まで正確に求めた。新暦を作るには、授時暦の数理を解明するばかりでなく、そこに出てくる幾つもの定数を日本のものに変えなければならない。まずは冬至の決定である。孝和は桜田の甲府藩邸に長い棒を立て、正午の影を毎日計測した。影が最も長くなった日が冬至である。

観測を始めたばかりの孝和をよそに、春海は三十四歳の時、近畿、山陽、四国、江戸などでの数年にわたる大がかりな観測により、宣明暦に二日の誤差があることを実証し、授時暦による改暦を朝廷に上表した。同時に以後三年間に起こりうる六回の日月食の日時について唐の宣明暦、元の授時暦、明の大統暦で計算した結果を参考資料として提出した。日月食の正しい予測こそが暦の良否を決めるからである。初めの五回の日月食については宣明暦の誤りと授時暦の正しさが実証されたが、六回目の一六七五年の日食については逆となった。

春海の提案した授時暦の採用は見送りとなってしまった。中国と日本との里差、すなわち経度の差などを考慮に入れたほかは、授時暦に出ていた数式や数値に日本における測量値を当てはめただけのものだったから当然であった。春海が理論研究を端折《はしょ》り、測量や天体観測に、また広い交友関係を利用した幕府や朝廷への政治工作に東奔西走しているのを、孝和は苦々しく思っていたことだろう。実際春海は晩年になって、「授時暦の数学的手法がどうしても理解できず、ただ盲従していた」と告白している。

孝和が惚れ込んだ十二歳の弟子

関孝和が暦学に奮闘していたころ、門人として建部《たけべ》三兄弟が弟子入りした。三人とも優秀だったが、とりわけ三男でまだ十二歳の建部賢弘《かたひろ》は天才的だった。孝和は賢弘の才能に惚れ込み、自ら編み出した数学の奥儀を惜しみなく教え、励ました。

このころから孝和や建部兄弟は猛烈な勢いで和算や暦学の著作活動を開始する。『発微算法』を著してから六年間、孝和はほとんど著作をしていなかった。この間に彼は暦に関わる数学的諸問題を追究し改良し一般化まで成し遂げていた。まずこれを『授時発明《じゅじはつめい》』(一六八〇)で解説した。孝和は『発微算法』で多くの未解決問題を解いて見せたが、そのために用いた傍書法や点竄術の詳細な説明は省略していた。

孝和は次々に湧き上がるアイディアに突き動かされ、疑問を解明し新境地を開拓することに夢中で、他人に分からせようとする意欲に欠けていた。ニュートンも、天体の動きを解明した主著『プリンキピア』の内容を長く公表しなかった。ハレー彗星で有名なハレーになだめすかされ、やっとペンを手にしたほどであった。大天才は新発見をすることに魂を奪われていて、他人に分からせるなどということに気が回らないのだろう。

『発微算法』は説明不足により、人々によく理解されなかった。関西の和算家には正当性について疑う者も多かった。師匠が疑われていることに大いに憤慨した建部賢弘は、『発微算法演段諺解《はつびさんぽうえんだんげんかい》』を執筆し、『発微算法』を改良したうえで、詳細を説明し、孝和の独創的業績を世に広めた。

授時暦への改暦が見送られて以来、春海の念頭を離れなかったのは、授時暦のどこを直せば一六七五年の日食を正しく予測することができたか、ということだった。授時暦の数学的理論には歯が立たなかったから、そこに登場する天文定数や方程式の係数を日月食の観測データにできるだけ合致させるよう試行錯誤していたようである。

名誉挽回の改暦に命をかけた春海は一六八三年に新暦を上表した。翌々年の一六八五年、これは大した吟味もなされないまま採用され、貞享暦《じようきようれき》の名で施行されることになった。八年がかりで春海が完成させた暦は理論的改良のまったくない、授時暦の係数を少し変えただけのものだった。暦書の数理を根本から解明し発展させている関孝和がひたひたと背中に迫るのを感じ、焦っていたのだろう。

花開く和算の独創性

運命は孝和に過酷だった。暦書の数学的解明を終え、甲府侯の支援を得て作暦に必要な測量まで始めていた孝和だったが、なんとその主君、甲府侯綱重が、一六七八年に急逝してしまったのだった。兄の四代将軍家綱が没する二年前だった。五代将軍の椅子は弟の綱吉に行ってしまった。失意の孝和をよそに、抜け目ない春海は四代将軍家綱から引き続き五代将軍綱吉にも仕えることとなった。これが運命の分かれ目だった。綱重が酒や女をもう少し慎み、あともう少し長生きしていれば、綱重が五代将軍となり、孝和の主導で改暦が行なわれたかもしれなかった。
八百二十三年ぶりの改暦のヒーロー春海は、その功績により新設の幕府天文方に任命された。幕府は二年前のお七火事で焼け野原となった本所に司天台を建造し、春海にに天体観測を命じたのである。順風満帆となり、二百五十石の身にもなった春海はこの機会に碁打ちから引退した。貞享暦採用の報を受けた孝和の衝撃はいかばかりだっただろう。亡君綱重の御恩に報いることもできず、二十年余り心血を注いだ数学研究は水泡に帰した、と感じたのではないだろうか。定数を決めるには長期にわたる天体観測が必要だが、春海と違ってその財力はなく、また幕府や朝廷への政治力もない孝和が改暦を行なうのは所詮、無理だった。

貞享暦採用以降、孝和は、四十代後半という年齢もあり、研究らしい研究から遠ざかってしまった。孝和にとって弟子建部賢弘の、ほれぼれするような才能と師を神のように慕う人柄はただ一つの慰めだっただろう。賢弘は先の『発微算法演段諺解』とほぼ同じ頃、師の孝和および兄賢明《かたあき》とともに『大成算経《たいせいさんけい》』二十巻の著作編集に取り掛かった。この『大成算経』は二十七年をかけて一七一〇年に完成した。完成は孝和の他界した二年後だった。主に賢弘が、孝和の書き残した、あるいは書き散らした、膨大な業績をまとめ、さらに師の成果を自ら改良したり一般化したものを加えたのである。すでに孝和の発見していたベルヌイ数やラグランジュの補間式をここで公表した。この発見はベルヌイやラグランジュより早い時期だった。

賢弘自身の業績についてもさらっと書いてある。例えば孝和は円周率を小数第十一位まで正確に求めたが、賢弘はその方法をはるかに前進させ、小数第四十一位まで正確に求めた。しかも和算史上初めて級数を用いて円周率を表すという離れ業をやってのけた。今風に言うと、逆正弦関数のマクローリン展開を発見したのである。これは孝和があくまで代数的だったのに比べ、賢弘は解析学へ一歩を踏み出したという点で画期的であった。代数学者オイラーが微積分学を用いて同じ公式を発見する十五年前だった。

『大成算経』は当時の和算の集大成とも言うべき労作だった。賢明・賢弘の兄弟は師への敬慕と、名を包み徳を隠すという師譲りの人柄から、なんとこの本の著者としての署名すらしなかったのである。そのためこの書は共著でありながら、長い間孝和の書と誤解されたほどだ。

建部賢弘は師ゆずりで天文暦学に詳しく、見識家でもあったので、六代将軍家宣《いえのぶ》から八代将軍吉宗まで、三人の将軍に仕えた。特に自然科学を好んだ吉宗からは重んじられ、吉宗の政策は賢弘の方寸（胸の内）より出る、とさえ言われた。晩年に著し吉宗に捧げた書物の中で、「関氏孝和は吾《わ》が師たり。……神なりと謂《い》うべし」と称えている。あくまで師を思う心を忘れない賢弘だった。

関孝和も建部賢弘も幕府の役人だったため多くの弟子を取らなかったが、賢弘の弟子の時代になって関流という流派が誕生した。孝和以来の研究や文献が整理され、免許制度も整ったのである。関流は他の流派と同じく、新しく開発した理論や方法を秘伝とした。

各流派は互いに難問を出し合っては優劣を競った。会心の問題や苦心の解答の多くは絵馬のごとく美しい色彩を施し、額に入れ神社仏閣の人目に付きやすいところに掲げ、神仏に感謝するとともに自己の力を誇示した。算額と呼ばれるこれら論文掲示板は、日本全国に見られた。現在でも千近く残っているという。関流からは十八世紀後半の出羽新庄藩に安島直円《あじまなおのぶ》という数学者向きの名前の天才が出て、円弧の長さや円弧で囲まれた部分の面積を求めるため、今日の定積分の考えを導入するなど独創的な業績を残した。

関流以外でも、備中松山藩に久留島義太《くるしまよしひろ》という鬼才が現れた。お家断絶により浪人となった久留島は江戸に出て、独学で数学を学び和算塾を開いていた。久留島は不定方程式や無限級数などの分野で素晴らしい研究を残し、また今日の整数論で最も重要なオイラー関数をオイラーより早く、行列のラプラス展開をラプラスより早く発見した。天衣無縫な大酒飲みで、自らの研究成果を書いた紙を、発表もせず行李《こうり》の裏に貼ってしまうほど名声に無頓着だった。弟子たちがそれをまとめて幾つかの書物にしたから、この奇人和算家の驚異的業績が知られたのである。

なお、理論上の脆弱さを含んだ春海の貞享暦は、当然ながら長くは続かなかった。日月食の予想が何度も外れたので、七十年後の一七五五年には宝暦暦に改暦された。

この暦は、関流の山路主住《やまじぬしずみ》や安島直円などが孝和の暦学研究を用いて作成したものであった。尊敬する大先生の無念をようやく晴らした、という気持ちであったことだろう。自らの研究が生かされることになろうとは、数十年前に世を去った孝和が知る由もなかった。

江戸時代、庶民の生活技術として、算盤や算術は必須のものとなったから、寺子屋では書と並んで数が教えられた。武士にとっても、年貢米の計算、土地の測量、橋や道路などインフラの整備などで算術計算は不可欠だった。ただ武士にとっては、「金は不浄なもの」という感情があり、算術や計算を侮蔑する風潮が根強かった。江戸後期には「碁知恵算勘阿呆の内」などという言葉があった（算勘とは算盤による勘定）。こんな状況だったから算術は主に下級武士が受け持っていたが、大名で和算に熱中する者がいたのは面白い。磐城平《いわきたいら》藩の内藤政樹は、超一流の和算家、久留島義太や松永良弼《よしすけ》を召し抱えたし、久留米藩の有馬頼徸《よりゆき》などは関流和算家の指導の下、最高水準の和算書『拾璣《しゅうき》算法』を自ら刊行している。

八代将軍吉宗（十八世紀前半）は、享保の改革として税制ばかりでなく科学技術や医療の発展にも尽力した。建部賢弘を重用して暦学などを研究させ、禁輸を緩和させた。緩和政策によりヨーロッパの数学を含んだ中国書籍が入ってきたが、それらは三角関数表や対数表など実用向きのもので、和算家は便利と思いそれらを整理したりもしたが、「理論的には見るべきものなし」と見下していた。

和算家の中に関孝和や建部賢弘のように、自然科学との関連から数学を研究する者は稀だった。和算は、俳句、和歌、華道、茶道などと同じく芸事として発展したのである。

これはヨーロッパとはまったく違っていた。敬虔なキリスト教徒であるニュートンには、「神の造り給《たも》うた宇宙だから、神の声がその仕組みの中に、美しい調和として在るにちがいない」という強烈な先入観があった。だからこそ、「宇宙は数学の言葉で書かれている」などという信念を持ったのだろう。そして「神の御業《みわざ》を知ることは神に栄光を与えることになる」と信じ、研究に励んだ。

日本人が夢にも思わない恐ろしい先入観であり偏見である。この先入観のため、ニュートンやライプニッツの数学は初めから力学と密接に結ばれていた。したがってすぐにベルヌイ、オイラー、ラグランジュ等の微分方程式や変分学に発展することとなった。数学と物理学は以後、互いに刺激しあいながら発展した。そのうえ、ヨーロッパではニュートンの時代から数学論文を発表する雑誌が発刊され、各国の数学者が互いに切磋《せっさ》琢磨《たくま》する仕組みができていた。

一方の和算はついぞ力学などと結びつかず、各流派が新しい知見を秘伝として隠匿したため、十九世紀になってヨーロッパ数学に大きく差をつけられてしまった。キリスト教の勝利だった。しかしながら和算は算盤や算木に頼る元の数学書と二、三の暦書から出発し、日本一国のみの力で、というより算聖関孝和とその弟子たちの力でこれを発展させ、十八世紀末には部分的には同時代のヨーロッパに対抗できる、代数学と微分積分学にまで到達したのである。日本人の独創性を見事に発揮した快挙であった。

数学史家が絶句

　和算の発展は西洋にまったく知られていなかった。ケンブリッジ大学で数学を学び最優等で卒業した東京大学の菊池大麓《だいろく》は、明治三十三年（一九〇〇年）にこれを英文で紹介したが、すぐには信用してもらえなかった。数学史の専門家だった立教大学の村田全《たもつ》教授はかつて私にこう語った。「一九八〇年になっても、関や建部の業績を知ったファン・デル・ヴェルデン教授は、『彼等は本当に西洋数学を知らなかったのか』と言って絶句したんですよ」。ファン・デル・ヴェルデンは、私なども熟読した『現代代数学ⅠⅡⅢ』の著者で抽象代数学の草分け的存在だが、奇妙な思想を持っていた。「数学は単一の原始数学（アーリア人種の造った数学、メソポタミアやギリシャの数学の源流となったもの）が各地に伝えられ伝承されたもので、種々の文化圏の中で独立に生まれたものではない」

　ヨーロッパより早く発見された関の行列式や建部の無限級数展開などは、彼の主張を根本から崩してしまうから、どうしても認めたくなかったのだろう。なお、彼はオランダ人でありながらナチスが跋扈《ばっこ》していた十数年間、オランダやアメリカからの教授オファーを断りドイツに居たため、ナチスとの関係が疑われ、戦後、母国オランダで教授職に就くのに苦労した人である。アーリア人を持ち出すところなど、ナチスとのつながりを疑われても仕方がないだろう。

明治日本は医学が突出

明治五年の学制発布で算数教育は洋算と決定されたため、和算は死命を制せられた。全国にいた和算家たちは小学校の教壇に立ち算数を教えたり算盤塾を開いたりしたが、教職の方は師範学校の卒業生にやがて代わられ、和算家は消えていくこととなった。

明治時代の日本は科学、技術、産業、社会、軍事など全分野で進んだヨーロッパを学び取ることで精いっぱいだった。その中で医学だけが異彩を放っていた。破傷風菌やペスト菌を発見し血清療法を確立した北里柴三郎が早くも明治中期には出て、その下から赤痢菌を発見した志賀潔や梅毒スピロヘータを純粋培養した野口英世などが出た。オリザニン（ビタミンB_1）を発見した鈴木梅太郎やタカジアスターゼやアドレナリンを抽出した高峰譲吉もいた。

　医学だけが突出していたのには理由がある。

　一六四一年に長崎出島に誕生した出島オランダ商館には以降、延べ六十人余りの外国人医師が駐在した。彼らは時折日本人患者を診たり、漢方医と交流したりもした。『日本誌』を著したケンペルや、『日本植物誌』や『江戸参府紀行』などを著したシーボルトもそういった医師である。出島の外に医学塾を開き日本人に最新の医学を教えた者さえいた。そして前野良沢《りょうたく》と杉田玄白が一七七四年にオランダ語の『解体新書』を翻訳したころから蘭方医学への関心が急速に高まり、幕末の江戸では漢方医二万人、蘭方医五千人とも言われるほど西洋医学が浸透していた。医学分野は他の科学とは全く異なる地点から出発したため、明治とともに北里柴三郎、野口英世、志賀潔など世界的学者が輩出したのである。

数学にノーベル賞があれば

日本人は、医学以外では数学において最も早く世界の舞台で活躍することになった。大正初めには高木貞治《ていじ》が類体論を建設した。代数的整数論における金字塔であった。日本の数学界は、和算の下地があったため西洋数学の優れていることを直ちに見抜き、明治を通じその吸収に邁進《まいしん》していた。

ところが大正三年（一九一四年）に第一次大戦が始まると、科学における最先進国ドイツが敵国となったため、最先端の書籍も論文も日本に届かなくなった。ヨーロッパの新しい知見を勉強できなくなった高木は仕方なく自分の頭で考え始めた。そしてまもなく類体論を創造してしまった。あまりにも画期的な結果なので、どこかに誤りがあるはずと確信した高木は、論文を書き上げてから一ヵ月間、間違い探しに没頭した。何度見直しても間違いが見つからないので、あきらめて論文を投稿した。この論文は第一次大戦終了後、ドイツの一流学術誌に発表されヨーロッパの数学者たちを驚倒させた。

この快挙に勇気づけられ、高木の弟子やその弟子、また全国から天才数学者が続出し、今日に至っている。数学にノーベル賞があれば日本人だけで二十人以上は確実と言われる。日本において、自然科学の諸分野の中で数学が早くから突出し、これほど世界的に評価されたのには、二つの理由があろう。

一つはザビエルなど宣教師が指摘し、また『塵劫記』がベストセラーになったことに表れているように、日本人が昔からなぜか数理を好むということである。そしてもう一つは、関孝和などが和算の研究などで示した独創性が日本人数学者の胸に、秘められた自信、あるいは誇りとして内在していたのではないか。

一九七八年に亡くなった岡潔先生は、多変数解析関数論で「世界の三大難問」と当時言われたものを、二十年ほどかけて一人で全部解いてしまった天才である。先生はこんな趣旨のことを語っている。「二十代末にフランスに留学した際、西洋文化など、日本の美しく深い文化に比べれば大したことはないと気づき、その気持ちで以後数学に取り組んだ。ユダヤ系のアインシュタインも同じ気持ちでいたはずだ」。岡先生の胸には、日本の文学、芸術、和算など、深い文化を創造してきた自分たちへの強烈な誇りがあったのではないだろうか。

「はじめに」でも触れた、十九世紀英国の社会思想家スマイルズの「国家とか国民は、自分たちが輝かしい民族に属するという感情により力強く支えられるものである」は、ここでもあてはまる。関孝和の造った和算は古典芸能や美術などとともに今日も光を放っているのである。

孝和の足跡をたどる

二十年ほど前だったか、関孝和のルーツを調べようと生地、群馬県藤岡を訪れた。市役所で会った郷土史家S氏は、藤岡市では昭和初期に「算聖之碑」を建て、戦後は孝和の産湯井戸があったという小学校で毎年、関孝和先生顕彰全日本珠算競技大会を開催している、と言った。また孝和は八歳の時に関家に養子として入ったのであり、もともとは内山姓であったこと、祖父内山吉明の時代に信州佐久より藤岡に移ってきたことなどを教えてくれた。

私は市内にある孝和の史跡を訪れたあと佐久市を訪れた。信州出身の私は孝和を自らに引き寄せて感じたいと思ったのである。翌朝、佐久市の市史刊行会を訪れた。温顔の所員が内山家について詳しく教えてくれた。清和源氏の血を引く大井《おおい》美作《みまさか》が甲斐から信州へ移り、一五〇四年に佐久の内山に小さな内山城を築き、自ら内山と名乗るようになった。武田信玄の大叔父にあたる人物である。内山美作は一五八二年に武田家が滅亡すると、徳川家康の命により、武田氏の遺臣であり勇猛で名高い芦田氏の従臣となった。内山氏は孝和がのちに養子に入った関氏と同じく芦田五十騎の一つとなったのである。

織田信長の、武田の遺臣を誅せよ、という命に反し、家康は芦田五十騎をかくまい、本能寺の変で信長が死んだ後は自らの支配下に置いた。家康の恩に感じた芦田氏は北条氏や真田氏との闘いで戦功を立て、一五九〇年、家康より上州藤岡に三万石を賜り、翌年五十騎を引き連れそこへ移ったのであった。孝和の祖父内山吉明はその一騎であった。

佐久市内山は信州から上州へ抜ける裏街道、脇往還と呼ばれた街道に沿った小さな村だった。村中で立ち話をしていた中年の婦人に尋ねると、どちらも関孝和を知らないので驚いた。この地では誰も孝和を知らないのだろう。街道から見える村向こうの緑に覆われた小高い丘が内山城址だった。

この山城を登り始めると石塁とおぼしきものが各所に残っていた。木々が鬱蒼《うっそう》としているうえ、ほとんど登る人がいないのか、道沿いにある岩々は緑の苔で覆われていた。急峻なうえ、足元が濡れていて歩きにくい。半時間ほどで明るい頂上に出た。直径三十メートルほどの平地で、本丸があったのだろう、礎石が一つだけ残っていた。内山氏を祀ったのか、中央に腰の高さほどの石造りの社があり、祖霊のためだろうか、社に結ばれた和紙が風に揺れていた。

孝和が両親を失ったとき百七歳まで生きた祖父の内山吉明は九十一歳でまだ元気だった。幼くして父母を失った孫たちを不憫《ふびん》に思い慰めるなかで、幾多の合戦での武勇伝や、内山での思い出を何度も語り聞かせたに違いない。おそらく孝和も、故郷藤岡から任地甲府への近道の、ほぼ中間にあるこの先祖の地に立ち寄っただろう。「兵《つわもの》どもが夢のあと」に立ちながら私はそんなことを考えた。

風化した墓石を前に

ふと孝和が薄幸の人に思われた。絢爛たる才能に恵まれながら、算聖と崇拝されたのは死後三十年もたってからのことで、在世中は弟子も少なく、半生をかけた春海とのつばぜり合いには敗れ、燃え尽き、その後は失意の二十数年を送った。公的には幕府の御納戸組頭、すなわち会計課長のようなものになったが、それは同じ幕府に仕えていた春海よりはるかに下の地位だった。国会議員や造幣局長官となったニュートン、政治家や外交官として活躍したライプニッツと比較すると溜息が漏れる。

家庭的にはさらに不幸だった。父母を幼少の折に失ったばかりか養子に出され、長じて授かった二人の娘には早世された。養子に取った甥は不肖で、学業を続けられず、孝和の死後だったが博打のかどで家禄を没収されてしまい、関家は断絶させられた。

博打は他のどの国とも違い、我が国では持統天皇の頃から厳禁だった。この事件により関家の資料は散逸し、孝和の生年や生地さえ分からなくなってしまったのである。

私は大きく肩で息をした。紫色のあやめが夏草の生い茂った社の横で梅雨の晴れ間に向かって健気に咲いていた。どこか沈んだ気分で山城を下り、内山家のかつての菩提寺、正安寺を訪れた。鎌倉後期に開かれた曹洞宗の立派な寺だった。住職が内山家の墓に案内してくれた。傾斜を登った一番奥の木陰に内山家の古い墓石が三つあった。四百年の星霜を経た墓石は傾き、粗削りの表面にある文字は風化したのか読み取れなかった。

菩提寺の住職も関孝和を知らなかった。しきりに私の差し出した名刺の理学博士に感心するので、慌てて、「関孝和は私の万倍も偉い数学者です」と力説したら、「そんなに偉い学者ですか。ではこの寺の宣伝に使えますかな」と言って豪快に笑った。少し間を置いてから私もつられて笑った。二人の乾いた笑い声が森閑とした境内にこだました。

上杉鷹山

「民の父母」たる名君主

福島で通勤電車より遅そうな山形新幹線に乗り換え四十分弱、私は秋陽の影がすっかり長くなった米沢駅に降り立った。駅前で拾ったタクシーは、閑散とした町をあっという間に通り抜けた。中小地方都市の駅前商店街はどこも、二〇〇〇年の大店法廃止以来、シャッター通りと化してしまったのだ。あの上杉鷹山《ようざん》が心を尽くしたこの米沢の姿に義憤を、そして淋しさを感じた。タクシーは車の少ない通りを疾走し、まもなく山道を登り始めた。十一月下旬の米沢は寒く、人家も車もほとんど見かけなくなり、さらに登ると辺りは深い霧で覆われ視界も三十メートル程度となった。三十分余り走ると暗闇の中からひなびた温泉街がぬっと現れた。白布《しらぶ》温泉だった。私は数軒ある旅館の一つに投宿した。

旅館の主人に、二年前の東日本大震災での被害について尋ねると、「ここは大丈夫でした。ただ、山形県の温泉は五千名以上の被災者をほぼ実費だけで泊めていました。この旅館も福島県からの被災者でいっぱいでした」と事もなげに言った。私は主人の温顔になぜか手を合わせたいような気分になった。山形は彼等の住居や短期就職の斡《あっ》旋《せん》までして支援したという。惻隠《そくいん》の情の篤い土地柄のようだった。

山形米沢藩の九代藩主上杉鷹山は、アメリカのケネディ大統領が「最も尊敬する日本人」として挙げたとされる賢君である。内村鑑三が一八九四年に英語で著した『代表的日本人』の中で、西郷隆盛、二宮尊徳、中江藤樹、日蓮、上杉鷹山の五人を挙げたからそれを読んだのだろう。この本は日清戦争中に書かれたもので、「日本人は盲目的忠誠心と狂熱的愛国心を持つ好戦的な蛮人」という海外での誤解を解こうとしたものであった。

上杉鷹山「民の父母」たる名君主

上杉鷹山は、日向《ひゅうが》高鍋藩主秋月種美《たねみつ》の次男として一七五一年、江戸藩邸で生まれた。秋月家は、関ケ原の戦いで大活躍し、福岡藩初代藩主となった黒田長政の血を引く名家である。幼いころから明晰な頭脳と思いやりや孝心で評判だったため、八歳で米沢藩主上杉重定の養子となり世子《せいし》（跡継ぎ）となった。鷹山の祖母は上杉家から秋月家に嫁入りしていて、世子となる男子のいない甥の上杉重定に、「うちに出色の孫がいるからどうだい」と推薦したのだった。

六歳で母を失ってから沈んだ気持ちでいた鷹山にとって、やさしい祖母の実家に養子として入るのはうれしかった。三万石の田舎大名の次男が、十五万石の、上杉謙信から始まる格式高い名家に世継ぎとして入ったのである。大出世と周囲の皆から祝福された鷹山であったが、実はそれほど甘い話ではなかった。米沢藩はその頃、財政悪化に悩む諸藩の中でもとりわけ悪い、ほとんど破綻状況にあったのである。

越後から北信濃までを治めていた上杉謙信には子供がいなかった。跡継ぎとなった甥の上杉景勝は、豊臣秀吉に仕え、豊臣家五大老の一人として、慶長三年(一五九八年)、東北諸大名の抑えとして会津百二十万石に加増のうえで移封された。ところが上杉家にとって不運なことに、その年に秀吉が死に、さらに二年後の関ケ原の合戦で、秀吉に恩義を感じた上杉家は石田三成側につくという決断をした。その結果、徳川家康の不興を買い、関ケ原の戦いの後、上杉家の存続は許されたものの、米沢三十万石に減封されてしまったのである。

この時、上杉景勝は譜代の家臣六千名を手放さず、会津から米沢へ移った。戦国大名として家臣を大事にするのは当然のことだったが、石高が四分の一になったのに家臣団の数が同じなのだから財政は悪化する。それでも三代目までは年貢率を上げることもなくどうにかしのぐことができた。越後以来の御囲金《おかこいきん》、すなわちいざという時の貯蓄が上杉家には豊富にあったからである。

ところが悪いことは続くもので、三代目綱勝が跡継ぎを残さないまま二十代で急死してしまった。徳川幕府の規則によれば、領地没収のうえ家名断絶になるはずだったが、急死した三代目の義父にあたる会津藩主保科正之が奔走してくれた。保科正之は三代将軍家光の異母弟としての政治力を発揮して、吉良上野介の息子を急ぎ上杉家の養子に迎え四代目綱憲として立てることで取り潰しを免れたのである。三代目の妹が吉良上野介の妻となっていた縁である。

しかしこの時、跡継ぎを残さなかった罰として、米沢藩は半分の十五万石に減らされてしまった。百二十万石だった会津時代に比べ、実に八分の一となったことになる。高い格式を誇る上杉家だけに大家臣団の整理は難しく、この時もなされなかった。

財政悪化で藩を返上？

これを契機に財政は急激に悪化した。「忠臣蔵」で知られるように赤穂浪士に討たれることになる吉良上野介は、江戸城での儀式の典礼指導をしていたため、大名、公家との交際が広く、邸宅は広大、使用人も多く生活は贅沢だった。その息子であるこの四代目も華美を好む浪費家だった。

それに吉良上野介が何かと息子のやり方に口出しをし、越後時代そのままの行事や交際などを維持し格式を保つことこそが、他の大名に軽視されないために必要と考え、米沢城御本丸御書院、能舞台、江戸の麻布中屋敷……と次々に豪奢《ごうしゃ》な建物を造営させた。江戸の吉良邸が焼失した時は新邸建設の費用を米沢藩が担ったりもした。これではたまらない。年貢を四公六民から五公五民に上げても賄《まかな》えるものではなかった。赤穂浪士による仇討ちが十年ほど早ければこんなことにはならなかったのだが。

四代目から八代目重定までが似たような派手好きだったうえ、幕府からは江戸城の石垣の造営や濠《ほり》の浚渫《しゅんせつ》、上野寛永寺の修理と次々に手伝い普請を命じられた。参勤交代や幕府の命ずる賦役の経費は藩の負担だから財政は悪化の一途を辿った。とりわけ参勤交代は経費がかさんだ。大名は原則として一年ずつ交互に国元と江戸に住むのだが、千名近い大名行列で往復する費用や江戸藩邸の維持費が膨大だった。

賦役や参勤交代は各大名の懐を豊かにさせないための、すなわち謀反を起こさせないための政策だった。正妻と世継ぎは江戸藩邸に住む定めもあった。人質としてである。米沢藩では藩士の禄高を少しずつ減らし、ついには半分にまでした。年貢とは別に武士や農民から人頭税を取り立てたりもした。どれも焼け石に水だった。困窮した武士の中には矜持を保つこともできず、内職に精を出したり借金を踏み倒す者まで出てきた。金銭と引き換えに商人や農民から後継者として養子をもらって家屋敷を譲り、自らは借家に隠居するなどという者も続出した。

江戸や大坂の商人から借りた米沢藩の借金は雪だるま式に増え、返済に百年以上もかかりそうなほどの額となった。東北地方で干魃《かんばつ》や冷害や水害による大凶作が続いたことも財政を痛めつけた。いろいろな名目で農民から重税を取り立てたので、田畑を捨てて夜逃げする者、全村こぞって逃散《ちょうさん》する村まで出てくるほどだった。もはや打つ手がないから藩を幕府に返上し解散すべし、と八代藩主重定自らが言い出す始末だった。これほどひどい藩はどこにもなかった。

決意の歌

この混迷の中で明和四年（一七六七年）、十五歳の上杉鷹山が九代目藩主となった。荒海に漂う沈没寸前の難破船の船長だった。

鷹山は決して諦めなかった。十五歳の若さに加え生来の楽観的性格が支えとなった。どの分野でも、何か新しいことをやり抜くため、何か大きなことをするため、最も大切なことは「楽観的」ということである。これがないと大きな仕事に取り掛かる勇気が湧いてこないし、待ち受けるいくつもの挫折から立ち上がることさえできないからである。

高鍋の小藩から入ってすぐに名家上杉家を潰してしまう、などということは選択肢になかった。養子になると決まった時、高鍋藩の老臣に「養家を潰すことは実家を潰すことより罪深く双方の親への大不孝」と訓戒されてもいた。どんな困難でも知恵をふり絞り、藩民、すなわち武士、町人、農民すべてが力を合わせて頑張ればどうにかなる、と鷹山は信じた。先代の上杉重定が隠居して江戸から国元へ帰った後、江戸に残った新藩主鷹山は決意を歌に詠んだ。

受次《うけつぎ》て　国の司《つかさ》の身となれば
　忘るまじきは　民の父母

これは恩師の細井平洲《へいしゅう》先生より教わってきた「慈愛をもって領民のためにつくせ」という心得を詠んだものである。

細井平洲は一七二八年、尾張国平島（今の東海市）で生まれ、十五歳より京都や長崎に出て勉学を重ねた。儒学者としては古学、朱子学、陽明学など各派の長所を折衷した折衷学派に連なる人であった。二十三歳の若さで江戸に出た平洲は、生活の糧を得るため、両国橋など江戸の町の辻々に立って道徳や経済について辻講釈をしたり、家塾嚶鳴館《おうめいかん》を開き塾生に教えたりしていた。四書五経そのものでなく、それを現実の問題にどう応用するかについて語った。学識や品格に加え、分かりやすい言葉で聞く人の心をとらえて離さない独特の語り口がすぐに評判となった。類い稀な逸材と見抜いた伊予西条藩をはじめ、藩政改革の必要に迫られていた諸藩からブレーンとして注目されるようになった。

西条藩、人吉藩、紀州藩に続き、米沢藩が手を挙げた。辻講釈を聴き感動した米沢藩藩医の藁科松伯《わらしなしょうはく》が、平洲先生こそが「いっそのこと大名家など放り出したい」などと言う重定公を支え、幼い世子鷹山の学師となり、米沢藩民全体の精神的柱となってくれる学者と見抜き、重定公の許可をとったのである。平洲は、桜田の藩邸で定期的に、藩主重定、十三歳の鷹山、数人の家臣を前に講義をすることになった。鷹山はすぐに平洲先生の人物と見識に心酔した。

三年後、第八代米沢藩主重定が隠居し、十五歳の鷹山が第九代藩主となった。鷹山は先述の決意の歌などを、誓詞として米沢にある上杉家の氏神、春日神社に内密に送り届けた。内容は、文学、武術を怠慢なく務め、民の父母であることを第一とし、決して驕らず、言行一致を心がける、という誓いである。

　鷹山のこの誓詞は九十八年後の慶応元年（一八六五年）、火事騒ぎの際に発見され人の知るところとなった。血判の跡さえ残っていた。次いで、翌月、「連年国家衰微し、民人相泥《あいなず》み候。因《よ》って大倹相《あい》行ない中興仕《つかまつ》り度《たく》祈願仕り候。決断もし相怠《あいおこた》るにおいては忽《たちま》ち神罰を蒙《こうむ》るべきもの也」との誓詞を国元にある藩の鎮守社、白子神社に密かに送り届けた。これは百二十四年経った明治二十四年（一八九一年）に神官により発見された。

　藩主となり藩財政の窮状を知った鷹山が、誓詞を納めた後に先《ま》ず行なったのは、誓詞を実行するためのブレーン探しだった。側近を通じてよくよく調査の結果、鷹山が選んだのは竹俣当綱《たけのまたまさつな》と莅戸《のぞき》善政《よしまさ》の二人だった。江戸家老の竹俣は豊かな発想力、気骨、そして果敢な実行力を兼ね備えた人物だった。一方の莅戸はまだ御小姓だが思慮深い学者肌で、農政によく通じていた。二人は平洲先生の講義を一緒に聴く仲間でもあった。鷹山はこの有能で対照的な二人と協力し、以後の改革を進めることとなった。

まず思い切った「大倹令」を打ち出した。定例の祝い事や神仏社寺に関する行事はすべて延期。藩主をはじめすべて藩民の衣類は原則として木綿、普段の食事は一汁一菜、参勤交代行列の大幅減、奥女中五十余人を九人に減らすなど、どれもこれまでの形式を根底からひっくり返すようなものばかりだった。鷹山は江戸藩邸の全員を招集し、このような思い切った改革の必要性を説いた。

「上杉家に金を貸してくれる商人はもういない。むしろ上杉家は疫病神のように扱われている。私は高鍋の小藩から養子として入った者に過ぎないが、先代の恩義に感じ米沢藩を文字通り命がけで立て直す決意だ。皆もどうか一緒について来て欲しい」

雲の上の人である藩主が、惨めな財政状況を部下に打ち明けたうえ、協力を懇願する姿に皆は仰天した。鷹山は「なお私の年間生活費千五百両を二百九両に減らす」と付け加えた。皆は藩主自らが進んでこれほどまでに節約する姿勢に感動した。

十六歳の妻に鶴を折る

鷹山は平洲先生の指導の下、膨大な漢籍を読破した。先生の講義は単なる字句の解釈でなく、実際に知識をどう活用するかにまで及んだ。鷹山は十五歳で九代藩主となってからも二年半、江戸にとどまり平洲先生の下で勉学を続け、先生の精神を吸収した。以降は、困難に直面した時はまず、「平洲先生なら何と言われるだろうか」と考えた。先生はいつも鷹山の脇に居たのである。

十八歳となった若き鷹山は、結婚したばかりの幸姫《よし》を江戸に残して米沢に入部した。幸姫は八代重定の娘で生まれつきの障害を持っていた。十六歳ながら心も体も童女のようで、鷹山が紙で鶴を折ってやったり、お菓子で楽しませてやる、という見る者の涙を誘うような夫婦生活を送っていた。上杉十五万石の殿様のすることではない、と思った侍女たちが「そのようなことは私どもが」と言っても聞かなかった。孝養心の篤い鷹山にとって、幸姫との結婚もこのような生活も、自分を世子としてくれた先代重定公への孝行だった。

鷹山は他の大名のように、江戸と国元に側室を置く、ということもしなかった。鷹山を気の毒に思った側近たちに何度か側室を勧められたが、「幸は天女です。天女を裏切ることはできない」と断っていた。「これでは世継ぎがなくなり領地没収、お家断絶になります」という重臣たちの度重なる、当然の懇請でようやく重い腰を上げ、十歳年長のお豊を側室に定めたのであった。このお豊は賢く、学問もあり、鷹山に尽くし、二人の男子を生んだ。しかしながら次男は早世し、期待の長男も十七歳で病没した。鷹山は「民の父母」と運命づけられた人だった。

よれよれの衣服で国入り

江戸の高鍋藩邸で生まれ十八年、江戸しか知らない鷹山は、初めて見る米沢の荒涼とした田園や、慌てて土下座する農民たちの生気を失った表情に、これからの多難を思った。米沢盆地を米沢城に向かう鷹山の行列はたった数十名に過ぎなかった。新藩主の初めての国入りとあって、参勤交代並みの千人近い大行列を予想していた人々は、そのあまりの少人数と、長旅で疲れてみすぼらしい木綿の衣服に腰を抜かした。

城門では絹製の華麗な衣服をまとった重臣たちが出迎えた。大倹令は江戸から国元へも伝えられていたが、本国の重臣たちは、何もわからない若い藩主に取り入った江戸藩邸の跳ね上がり、江戸家老竹俣当綱や莅戸善政の思い付きに違いない、と無視を決めこんでいたのである。

「何だこれは。ほこりまみれのよれよれ木綿を着た乞食行列ではないか」

「小藩の小倅《こせがれ》だけに何も知らぬらしい。とくと教えてやらねばいかん」

重臣たちは苦虫をかみつぶしたような表情で深々と礼をした。

重臣たちに完全になめられていると感じた鷹山は翌日、足軽をも含めた全藩士を城中の大広間に集めた。入りきれない者は廊下から庭にまで溢れていた。足軽にとって、家老たちとともに大広間に入るなど前代未聞のことで、隅で身を固くしていた。鷹山はここで大倹令について説明し徹底を図ろうとした。重臣たちの意見だけを聞くこれまでのやり方を変え、広く藩士一般の声に耳を傾けようとしたのである。

鷹山はしきりに領内を視察した。民の父母である以上、民がどんな土地に住みどんな生活をしているか、代官からの報告でなく自らの目で知る必要があった。至る所で鷹山は、死んだ田畑に、そして農民たちの死んだ目に遭遇した。

果たして大倹令だけで財政再建が可能なのだろうか。米沢を初めとする東北地方はしばしば冷夏に見舞われる。そのたびに米の出来高は平年の半分どころか、ひどい時は二割にまで落ちる。そのうえ地味がやせているのか、凶作でないのに財政が赤字になることがあるほどだった。

それに周囲を山に囲まれ港を持たない米沢藩では、米を領外に輸送販売することもままならない。米だけに頼っていては財政を立て直しつつ膨大な借金を返済するなど、到底無理だ。米よりもうま味のある換金作物の耕作を推奨した方がよいのではないか。

鷹山が江戸にいた時から熟考していたアイデアは、蠟《ろう》の原料としての漆《うるし》、紙の原料としての楮《こうぞ》、養蚕のための桑、染料や口紅を作るための藍《あい》や紅花などを大々的に植栽することだった。それに止《とど》まらず、それらを原料とし蠟、紙、生糸、そして絹織物といった製品を生産することで付加価値を高め、藩全体の増収を図ろうというものであった。そのためにはまず技術導入である。小千谷縮《ちぢみ》を作るため旧領越後から技術者を招くのを皮切りに、紅花から口紅や染料を作る技術者、製糸や製紙の技術者も高給で招聘《しょうへい》し指導してもらわねばならない。また米沢盆地をくまなく歩いた鷹山は、そこに小川、沼、池が多くあるうえ、水路もたくさんあることに注目した。そこで鯉を育てれば冬季の貴重なタンパク源になるし、美しい鯉を売り出せば日本各地の富裕な大名や商人が池に放とうと買ってくれるだろう。

これらのアイデアを竹俣当綱と莅戸善政に提案すると、二人が口々に疑問を呈した。

「素晴らしいお考えと存じ上げますが、城下の百姓は朝から晩まで農作業に追われており、手間のかかる植栽や養蚕は難しゅうございます。まして紙を漉《す》いたり生糸を紡いだり鯉を飼ったりする時間はとれそうもございません」

鷹山は答えた。

「農民が忙しいのなら武士やその家族を労働力とすればよい」

「それにしましても、大方の土地はすでに田畑に使用されており、大掛かりな植栽のための空き地が足りないように存じます」

「武家屋敷には広い庭があるではないか。そこにどしどし植栽すればよい」

竹俣当綱と莅戸善政は声も出ぬままひれ伏した。武士を頂点とする身分制度を覆すようなことだからである。若き藩主のそこまでの決意に二人は畏怖を感じた。

重臣たちのクーデターと対決

その四年後、参勤交代で出府していた鷹山が帰国した時に事件が起こった。七人の重臣たちがとうとう叛旗《はんき》を翻したのである。藩主になって以来、これまでの形式をすべて無視して突っ走る鷹山に対し、積もり積もった憤懣《ふんまん》が爆発したのだ。

「一汁一菜だの木綿着用だの、武士に百姓仕事をしろだのと、重臣としての体面どころか武士としての体面までを台無しにする政策を次々に打ち出すとは、あの腰巾着、竹俣当綱と莅戸善政の入れ知恵に違いない。田舎の小藩から来た青二才にそんな知恵が出るはずもない。これまで頓珍漢な新政策を無視し、いろいろと妨害工作も行なってきたが、これ以上我慢できない。越後以来われわれが守り通してきた藩の格式さえ保てずにいる。腰巾着二名の追放とお屋形様の政策転換を求めるべきだ」

七人は示し合わせて、ある早朝、突然に鷹山に面会を申し入れた。七人はすでに手を回し、同じ重臣である竹俣と莅戸の登城を阻止していた。鷹山は腕利きの小姓一名を隣室に待機させ、一人、異様に肩を怒らせた七人に対面した。戦国時代に九州で猛将として名を轟かせていた秋月種実《たねざね》や黒田長政の血を引く鷹山は、二十二歳の若さながら七人の重臣たちに少しも怯《ひる》まず沈着冷静に対峙した。

七人は四十五カ条からなる訴状を提出した。

「せっかくの大倹令ですが、成果はまったく見られません。君側の奸とも言うべき竹俣や莅戸を追放し藩政を改めていただきたいと、我々ばかりか藩士一同がそう願っております。もし改めていただけない場合、私達七人はそろってお暇を頂戴いたしたく存じ上げます」。クーデターといってよい脅迫である。

鷹山は、

「重大なことだから先代の重定公に相談してから改めて返事をする」

と答えた。すると七人の代表として須田満主《みつたけ》が血相を変え、

「なりませぬ。藩士一同ばかりか大殿様も我々と同意見であります。即刻、お屋形ご自身のお考えをお聞かせください」

と迫った。

大殿様と藩士一同が本当に自分の藩政に不満をもっているとしたなら、藩主をすぐにでも退かねばならない、と謙虚な鷹山は思った。しばらくの沈黙の後、ようやく気を取り直し、まずは事実関係をしっかり確かめることだと考えた。

「分かった。少し休んでから答えよう」

鷹山が立ち上がり歩き出そうとすると、芋川延親《いもかわのぶちか》が膝をついたまま素早くいざり寄り、鷹山の袴の裾をつかむと、

「そうはさせませぬ」

と叫んだ。よろけながら鷹山が、

「無礼者」

と一喝すると、それを合図に隣室から飛び出した小姓が芋川の右腕を手刀でしたたか打った。激痛に手を離したすきに鷹山は部屋を出て、そのまま先代重定の隠居所へ向かった。

事の次第を聞いた重定は、七人に激怒した。鷹山に、

「広間に戻られよ。私も用意ができ次第そちらに参る」

と言った。鷹山が広間に戻ると先刻の議論がまたむし返された。芋川が、

「我々の意見を無視されるような時は、江戸に出て幕府に訴状を提出いたしますぞ」

と言った。露骨な脅しだった。江戸時代には大名家のお家騒動が幕府に訴えられた結果、取り潰しとなった大名もいたのである。

この時、重定が入ってきて、大声を張り上げた。

「大馬鹿者！　お家取り潰しを脅しに用いるとは、主君を侮るにもほどがあるぞ。殿は若いながら頭脳、人格ともに当代きっての名君、米沢藩にはもったいないほどのお屋形様でござる。お前たちは重臣ともあろうに、そんなことすら明察できぬのか。一

同不明を恥じてすぐに引き下がれ」
大殿の激怒を見た七人は縮み上がり、肩をすぼめて退散した。

二日後、鷹山は全藩士に招集をかけた。七人を処罰するためには、七人の提出した建言書の内容を全藩士に公開したうえで、「藩士一同が同意見」であるかを確かめる必要があったからである。七重臣の言い分が本当なら身を引く覚悟はあったたし、そうでない場合は彼らを処罰しなければならない。それは平洲先生に教えられた帝王学、「威を畏れ、徳に懐《なつ》く」を実行するためである。それには何より、今回の騒動の詳細を包み隠さず公開し、広がるであろう風評や疑心暗鬼を取り除く必要があった。大広間には上士から足軽までが集まった。足軽たちは、宗老たちとこの大広間に座ることの緊張から身を硬ばらせていた。

鷹山の政策や理想を支持する声が相次いだ。鷹山は腹を決めた。翌朝、七人それぞれの屋敷に三十名ほどの武士を急派し、七人を強制的に登城させた。

七人に申し渡した仕置きは厳しいものだった。首謀者として須田満主と芋川延親は切腹。他の五人はすべて隠居、閉門、知行減だった。切腹が二人出たことに人々は大いに驚いた。篤実温厚で民への惻隠で聞こえた鷹山の、筋を通すと決断した時の断固たる厳格さに目を見張った。七家騒動は終息した。

庶民も集めて講義

鷹山は平洲先生の教え通りに産業振興に精魂を傾けた。まず漆、桑、楮それぞれを、年数をかけてでも百万本まで増やす計画を作った。これが完成すれば藩収十五万石が実質は倍の三十万石になる計算だった。実際、計画後十年もしないうちに漆は百万本近くになった。郊外の小野川温泉が塩分を豊富に含むことに目をつけ、製塩所を作った。紙を試作し、縮の原料となる青苧《あおそ》を植え、縮織りを生産し、藍や紅花を植え縮の染料とした。

また主力となる米の増産を図るため荒地の開墾や荒田の復旧などに全力をあげた。水利計画も多く手がけた。最上川から用水路を引き、水不足に悩む地域を潤した。物資輸送には困難な陸路でなく、安価で迅速な水運が必要と、米沢西部の飯豊山に長さ百五十メートルものトンネルを掘り、二つの川を結ぶことで水路を開いたりもした。次世代へ向けての二十年にもわたる大公共事業であった。

日照りが続き作物が枯れ始めた時や冷夏や大雨の際には、僧侶や神官に祈禱させるだけでなく、自ら山に登り堂にこもって絶食をしながら幾晩も祈禱を捧げた。藩主自ら一汁一菜を実行し、弊衣をまとい、しきりに農村を視察するなど、常に民と苦悩を分かち合った。当面の救済ばかりでなく、常に長期的視野に立ち根本的解決を進める鷹山を、農民達は心から敬慕するようになった。田畑でない所には、漆、楮、藍が植えられ、藩士の家族で積極的に農耕や機織りに勤《いそ》しむ者が多く出てきた。池や沼には美しい錦鯉が泳ぐようになった。

鷹山は藩の行く末を思う時、大倹約と産業振興だけでは心許《こころもと》ない、財政難の時こそ人づくりが大切と考えた。学問をしっかり身につけ大局観を持った人材が必要と思った。藩民のためなら命をも投げ出すような気概をもった真のエリートである。国の運営には一群の真のエリートが不可欠で、それらを切れ目なく育てるには何より教育機関である。そこで、倹約して貯めた金や庶民からの寄付を元に立派な学館を完成させた。

師の細井平洲先生に興譲館《こうじょうかん》と名付けてもらった。正規生は武士から優秀な子弟が選ばれたが、町人や農民も聴講を許された。武士と庶民が机を並べるというのは、当時としてはあり得ないことだった。そして開校に当たり江戸から細井平洲先生に来ていただくことにした。

興譲館を訪れた平洲先生はここで、学生ばかりでなく要職を占める武士四百人を前に講義した。さらには興譲館に町人ばかり三百人を集め講話もした。町人達一同は初め広間に平伏していたが、「頭を上げゆったりと話を聞いて欲しい」と言われ、ようやく頭を上げた。話が進むうちにあちらこちらから感動のすすり泣きが洩《も》れ始め、平洲先生もこれに胸打たれ涙ながらに話を続けた。

米沢から三里も離れた小松村をはじめ幾つもの村でも儒学を嚙み砕いて話した。その度に数百人の農民が涙にむせんだという。苦しい生活を送る藩民を啓蒙し安心立命と希望を与えたのである。学問の力であった。社会教育の嚆矢《こうし》でもあった。なお、作家の井上ひさし氏はこの小松村（今の川西町）の出身である。

大凶作に御救い米

あらゆる方面からの大改革であったが、これだけの努力を重ねても財政はすぐには好転せず、藩民の暮らしも一向に楽にならなかった。鷹山が藩主になった頃から日照りや冷害などによる凶作、大凶作が東北地方を中心に頻繁にあったからである。

とりわけ天明二年（一七八二年）から六年の間、日本近世最大の飢饉と言われる天明の大飢饉が我が国を襲った。長雨が春に始まり、夏になっても止まず、冷夏となったのである。日本列島は北から南まで冷夏と洪水に襲われたが、東北地方はことにひどかった。天明四年の六月には、鷹山は自ら本丸の御堂に籠り、二泊三日の断食を行なった。岩木山、浅間山、アイスランドの火山など、大噴火が続き陽光の減少を招いたせいとも言われる。東北地方の被害は特に甚大で、数十万人が餓死した。餓死に加え、農村からは農民が逃散し都市に向かったため東北地方の人口は急減した。

　この中にあって米沢藩は懸命の生き残りを図った。凶作の兆候が現れるや全藩民に主食を粥《かゆ》や、かて飯（米に麦、豆、大根、海藻などを混ぜて炊いた飯）に切り換えるよう要請すると同時に、酒、酢、糀《こうじ》、穀物を材料とする菓子、豆腐、納豆などの製造を中止した。いくらか余裕のありそうな酒田や越後に急使を送り、合計一万俵余りの米を買い入れた。先方も鷹山の人柄や治政に敬意を抱いていたから、この困難な折に無理をして売ってくれたのであった。

　しかし他藩からの購入には限度があった。万策尽きた時には備蓄米を武士や町人に放出した。さらに、窮民を救済するために御救《おすく》い米を与え、味噌を配るなど、全力を尽くした。このような備蓄のある藩は全国でも数えるくらいしかなかった。

　これを知った東北の諸藩から救援米を懇願された。鷹山は拒絶した。他国に愛想をふりまくより自国の民の生き残りを優先したのである。にも拘《かか》わらず他国から米沢に来た難民は差別せず米沢藩民と同等に扱った。惻隠の情だった。天明飢饉の六年間で、弘前藩などでは人口が半減したのに比べ、米沢藩が五パーセント足らずの減少ですんだのは、鷹山の備蓄米、機敏な処置、そしてそれまでの改革の成果によるものだった。

幕府への賄賂を拒否

天災の他にも鷹山を苦境に追い込むものがあった。時折やってくる、幕府のための賦役だった。

鷹山の頃、上は大名から下は下級武士まで、賄賂が横行していた。我が国には中元や歳暮の習慣があったせいもあり、人々は賄賂に対し強い罪悪感を持たなかった。この頃は賄賂がすべての場面でものを言う時代だった。幕府の老中田沼意次《おきつぐ》はとりわけ賄賂が好きだった。他藩のごとく米沢藩も老中の田沼に賄賂を献上するよう再三にわたって助言する家老もいた。

「幕府を動かすものは賄賂しかございません。このままでは藩財政の破綻は目に見えております。藩のため、どうかご考慮を」

人倫の道を説いてきた鷹山は、何度言われても頑として首を縦に振らなかった。そのため同規模の他藩より多くの賦役を課せられたりした。そんな時には、江戸、大坂、越後、酒田などの大商人に重臣を送り借金を申し込むのだが、米沢藩に貸してくれるような商人はもうほとんどおらず、厭味を言われて帰って来るばかりだった。すでに返済不可能と言える額を借りていることは広く知られていたのである。貨幣経済の発展に従い、商人が武士の上に立つようになっていた。

仕方なく武士の禄を削減することになるが、それでも足りない時は領民からの厳しい年貢の取り立てとなる。ひどい時は五公五民から六公四民、そして何と七公三民という過酷な年貢になることさえあった。農民にとってはもちろん、これまで増税なき財政再建を旗印に政策を行ない、民の父母でありたいと念じてきた鷹山にとっても、一時的であったにせよ耐えられぬものだった。

鷹山の大改革は自然災害をはじめとした多くの障害に阻まれ、なかなかはっきりした成果を上げることができなかった。小手先の対症療法ならほどなく一時的成果も表れようが、長期的視野に立った根本対策は、成果が出るまで年月のかかるものである。

換金作物の植栽、困難な治水工事、新しい産業の振興、教育の充実など、どれもそういった施策だった。

ところが天明の飢饉が終わる頃からやっと、少しずつ経済好転の兆しが見えてきた。まず、百年も減少が続いていた米沢藩の人口が増加に転じ、この後幕末まで増加し続けることとなった。外部からの援助のない場合、貧しい国では通常、食糧生産量の増減に比例して人口が増減する。生産性が上がり生活が豊かになってきた証であった。藩政改革は各藩で懸命に行なわれたが、成功したのは米沢藩をはじめ数えるほどしかない。

「藩民は国の宝である」

成功原因の第一は何と言っても「民の父母」すなわち惻隠の情であった。当時の藩主のほとんどは、藩民は藩主のためにあると考えていた。鷹山は逆に「藩民は国の宝であり、藩民により藩主が養われている」と考えていた。藩民とくにその大多数を占める貧農への惻隠の情がすべての政策の根底にあった。だからこそ農村をしばしば視察し、彼等の苦悩を洞察しようとした。社会教育にも踏み出した。このような藩主の気持ちが次第に藩民すべてに理解されたから、改革の成果が現れない長い期間を通して藩民の広汎な支持と協力を取りつけることができたのである。

成功原因の第二は大倹令という受け身の姿勢に止《とど》まらず、大々的に殖産を奨励し治水などの公共投資を行なうという長期的視野を忘れなかったことである。極端に貧しい財政の中で、安易な増税によらず、大借金を抱えながらも財政出動を怠らなかった。ケインズ理論の生まれる百五十年以上前に、すでにそれを知っていたかの如き積極財政を行なったのである。

第三はよきブレーンと胆力であった。ブレーンと熟慮を重ねて決定した政策は断固として実行に移したことである。多くの改革は守旧派の抵抗を受けたが、七家騒動に見られるように私欲で妨害する者には切腹などの厳罰を下した。鷹山の右腕として当初から支えたブレーン竹俣当綱が、功成り名を遂げた後に大邸宅で驕慢《きようまん》な生活を送り始めた時には、容赦なくこの功臣を隠居させた。「泣いて馬謖《ばしよく》を斬る」胆力があった。

「民の父母」は慈母であると同時に厳父でなければならない、ということをわきまえていた。

第四は自立を目指した不屈の根性である。十八世紀後半は、うち続く天災や米中心の経済から貨幣経済への移行期ということもあり、幕府はじめ諸藩が一様に財政に苦しんだ時期でもあった。鷹山が藩主になったのは正にこの真っ只中だったから、初めの三十年は苦しみに苦しんだ。この中で一汁一菜などという質素に耐え、大名らしい贅沢を知ることもなく、常に民の苦しみと共にあった。藩の返上を先代が口にするほどの荒廃と気の遠くなるような借財の山に押し潰されそうになりながら、なお再生と自立を目指す根性を持っていた。何もかも投げ出してしまうのがもっとも楽なはずなのに、冷静に復興への長期計画を案出し実行した。それは彼の名言、

「なせば成る　なさねば成らぬ何事も
成らぬは人の　なさぬなりけり」

に表れている。不屈の根性である。「民の父母」は、自分を投げ出すことはたとえできても、民を投げ出すことだけは絶対にできなかった。

ひるがえって現代日本を考える時、第一に掲げた「民の父母」でありたいと念ずる指導者が一体いるのだろうか。政治家にとって国民は、次の選挙で勝つためにご機嫌を取っておけばよい票田にすぎない。マスメディアの作る世論に耳を傾けるのはそのためである。マスメディアというフィルターを通した世論は国民の心の奥底からの声ではない。親は常に子の深い悩みや不安を洞察しようと努めるが、政府は国民に対しそんな気持ちを持っていないのである。

第二に掲げた積極財政という考えは最近の日本の指導者から完全に欠落している。倹約すなわち緊縮財政を二十数年も続けている。景気回復に必要な公共投資はどんどん削減されたうえ、消費税が三度も引き上げられたから、我が国は不況を一向に克服できない。それなのに政権は景気を確実に冷やす増税のチャンスを虎視眈々と狙うばかりだ。

第三に掲げたよきブレーンと胆力については惨めである。ここ二十年にわたり、政権与党のブレーンとは主に財務省や経産省の官僚、経団連そしてアメリカ帰りのグローバリスト達である。政権与党には何も勉強せずに国会議員になった二世議員が多く、知識や経験で段違いに上の官僚に全面依存するしかない。

ところが頼りの官僚は所属する省庁の利害ばかり、経団連は大企業の利害ばかり、アメリカ帰りのグローバリストはいつまでたってもアメリカの利害ばかりを忖度する。そのうえ政権維持しか頭にない首相は、必然的に党内有力者の意向を忖度せざるを得ず、たとえ自らの理想があっても実行できない。ブレーンが官僚で、政権維持が首相の主目的となっていては、国の将来をしっかり見据えた大局観に立ち果断に実行する胆力など、とうてい期待できないのである。

第四に掲げた自立を目指した不屈の根性は皆無である。GHQ憲法の前文は「平和を愛する諸国民の公正と信義に信頼して、われらの安全と生存を保持しようと決意した」であり、第九条は「陸海空軍その他の戦力は、これを保持しない。国の交戦権は、これを認めない」である。自国を自分で守らないのではどこかの国に安全保障を依頼する以外にない。それがアメリカ以外にないことは明白だ。この時点で日本は独立自尊を失いアメリカの属国となったのである。

属国となり果てて七十余年、「安全と繁栄さえあれば属国でも何でもよいではないか」と、安住に浸っている。国家の安全と繁栄は確かに最重要だ。しかしそれはあくまで独立自尊のための手段にすぎないことを忘れてはならない。主客を転倒したまま七十余年を空費し、日本人としての誇りを忘れているから、自ら決断することもできず、「平和を愛する諸国民」の意向を右顧左眄《うこさべん》して歩むしかない。

こうして見てくると、我が国の現代政治家が上杉鷹山のほぼ対極にいることが知れる。実は日本の政治家ばかりではない。鷹山は世界のどこにもいないのである。二十世紀以来の世界で繰り返され、現在も行なわれている戦争、解消されない貧困と飢餓、繰り返す恐慌や経済危機、とめどない環境の破壊、人心や社会の広汎な荒廃。着実に進歩してきた科学や技術をもってしても、民主主義をもってしても、一向に人々に安心立命や幸せはもたらされていない。

頼みの上杉鷹山はどこにも見当たらないからこそ、ケネディやクリントンなどの米大統領も瞠目したのだろう。今日こそ、世界各国が必要としているのは、グローバリズムでも、民主主義や自由や平等や人権でもなく、上杉鷹山、すなわち惻隠なのである。

恩師を米沢に招く

天明の飢饉が終わり、米沢藩が疲弊から回復を見せ始めた寛政八年(一七九六年)、既に隠退した鷹山は細井平洲先生を二十年ぶりに江戸から米沢へ招いた。平洲先生の米沢来訪は三度目だった。鷹山は以前の荒れ果てた山野が豊かな田園となり、張りめぐらされた用水や池に美しい鯉が泳ぎ、人々の表情も明るく蘇った米沢を、藩政に邁進しながら片時も忘れなかった恩師に見てもらいたいと思ったのである。鷹山四十五歳、平洲先生六十八歳であった。老齢の先生にとって険しい峠越えの旅は御苦労と思ったが、先生から胸の奥深く吹き込まれた「民の父母」の成果をどうしても見てもらいたい、喜んでいただきたいと考えたのである。

家庭的に恵まれなかった鷹山にとって、平洲先生だけが自らの存在を支え、深く心を通わせられる人だった。また先生にとっても、鷹山だけが自分の学問を実践し見事に成功したという点で、自らの学者人生を肯定してくれた唯一の恩人だったのである。

鷹山は、はるばる江戸から福島を通り、険しい奥羽山脈の板谷峠を越えてきた老師を、城から一里半ほど離れた関根の羽黒堂で迎えた。晩秋の紅葉が辺りを染めていた。かごから下りた平洲先生に鷹山は歩み寄ると、感激の余り足下に平伏して挨拶をしようとした。驚いた先生はそれを押しとどめた。二人は「先生、」「殿、」とただ一言を発しただけで、胸に迫り言葉にならなかった。手を取り合って涙を流す二人に、居並ぶ警護の強者《つわもの》までが頬を濡らした。鷹山は長旅の疲れでよろける恩師の手を取り、休息のため羽黒堂から少し上った所にある普門院の本堂に行き、そこで遅くまで語り合った。

「涙の人」

白布温泉に一泊した私は、翌日の午後遅く、鷹山が平洲を迎えた関根に向かった。

紅葉は盛りを過ぎていたがまだ散り残っていた。感激の対面のあった羽黒堂は、小さな小さなお堂で、訪れる人もいないのだろう、忘れられたかのように木々に囲まれぽつんと立っていた。厚く敷き詰められた落ち葉の坂道を、二人が語り合った普門院の方に登り始めると、山林に入る辺りに二つの立看板があった。「熊の出没に注意」と「普門院を訪れる人はあらかじめ電話でご連絡ください」だった。

電話を入れると、立看板を左へ曲がるように言われた。ゆっくり登っていると、一人の中年女性がやってきた。住職夫人で、私を先導してくれた。普門院は深い木立に囲まれた風格のある古寺だった。色づいた木々が夕陽に輝いていた。住職夫人は引き戸を開けてくれた。中はぞくっとするほど冷え冷えとしていた。裸電球の明かりしかない本堂に案内してくれた夫人が、

「ここは大部分が鷹山の頃のままで、今では『コロリ薬師』とも呼ばれ、他県からも参詣者があるんですよ。長患いをせず死にたいと願うお年寄りがほとんどです」

と言った。夫人が私を早速にこの薬師如来の前に連れて来たのは、私をコロリ願望の年寄りと思ったのかもしれない。百歳まで元気溌剌《はつらつ》、獅子奮迅で生きる予定の私は

無論そんなものに無縁だが、とりあえず手を合わせた。

「細井平洲先生の休息された部屋はどちらでしょう」

「あっ、そちらですか」

夫人は意外そうに言ってから、隣の八畳ほどの座敷に通してくれた。細井平洲について詳しいことは知らないようだった。障子を開けながら、

「こちらを見たいと言われる方はほとんどいません」

と言った。二人の使用した茶器、湯桶、徳利、火鉢などが飾ってあった。念入りに拝見した後、外に出ようとお堂の出口にある引き戸まで来ると、外から人恋しそうな猫の声が聞こえた。戸を開けると同時に三毛猫が飛び込んできた。庭に出るとすでに残照はなかった。庭には「鷹山公お手植えの唐松」と「細井平洲先生お手植えの椿」が残っていた。椿は二百年余りの星霜を経て幹が根元から幾重にも分かれ、巨大なものになっていた。

一面の落ち葉の中に「一字一涙」の石碑があった。平洲先生はここで愛弟子に会った生涯の感激を高弟の一人に書簡で送っていた。これを読んだ弟子が、「一字読むた

びに新たな涙が流れる」と書いたのである。

万感を胸に私がいつまでも先生お手植えの椿を眺めていたら、

「たいていの人は大きな椿ですなあ、だけです」

と言って、夫人は不思議そうに私を見上げた。

夫人と別れた私は、ふと鷹山とは「涙の人」だと思った。「涙」が鷹山に理と情、決断力と忍耐力、そして胆力を与えたのだと思った。「涙」の強さを思った。

鷹山が格闘した米沢藩の借金は、鷹山逝去の翌年、完済された。鷹山が振興した米沢織、漆器、紅花、鯉などは今も健在である。そしてこの地には惻隠が根づいている。

辺りはすっかり夕闇に包まれていた。染み入るような寒さが押し寄せてきた。私は師弟の涙の滲《にじ》んだ落ち葉を踏みしめながら、今晩は宿に着く前に雪になりそうだと思った。

福沢諭吉

誰より早く武士を捨てた男

「ちょっと、こちらへおいで」

母親のお順が、薄汚い身なりの女を庭に呼び入れた。住む家もなく、食べ物を求めて町をうろつき回るその女のボサボサ頭にはたくさんのシラミが巣くっており、それを取ってやるためだった。女は異臭を放っていた。髪から落としたシラミを石で叩きつぶすのは、諭吉の役目だった。百近くも取り終わるとお順と諭吉は注意深く自らの着物をパタパタと払い、ぬかで丁寧に手を洗うのだった。そのあとで女に飯を分けてやるというのが決まりで、幼い諭吉にとって気の滅入る仕事だった。

下級武士の家に生まれて

福沢諭吉は一八三五年一月十日、大阪の堂島川沿いにある、豊前中津藩（今の大分県中津市）の蔵屋敷で呱々《ここ》の声をあげた。蔵屋敷とは、年貢米や大豆、カツオ節、紙など藩の特産物を販売するための倉庫兼屋敷で、中之島や堂島界隈には川に沿って、西国や日本海側諸藩の蔵屋敷の白壁が百以上も連なり、緑の松並木と相まって美しい景観をつくっていた。瀬戸内海から堂島川へ、専用の水門から蔵屋敷まで入り、米俵などを運び込むのである。

天下の台所と言われ物産の集積地だった大阪で、各藩はその産物を、掛屋と呼ばれる商人に売り換金したり、豪商から借金する際の抵当としたりして、藩の財政資金としていた。江戸も後期になると、どの藩の財政も逼迫《ひっぱく》し、大商人の力が強くなっていたのである。

父親の百助は中津藩士であったが、禄高は年に名目上は十三石ほど、玄米では五石五斗（大人一人が年に一石ほど食べる）くらいという下級武士（下士）だった。『福翁自伝』には、「足軽よりは数等宜《よろ》しいけれども士族中の下級」と書いてある。諭吉は時折筆を滑らせる。わが藤原家は足軽だ。

百助は十年余りもここ蔵屋敷で蔵役人をさせられていた。蔵屋敷の中にあった長屋の一つに、父百助、母お順、上から長男の三之助、お礼、お婉、お鐘の三人の娘たち、そして末っ子の諭吉と、総勢七人の家族が暮らしていた。長男を三之助と名付けるのだから百助もかなり独創的な人物である。幼い頃から秀才の誉れ高かった百助は、漢学者帆足万里《ほあしばんり》に学んだ人物で儒学者と呼べるほどだったが、ここでは廻米方《かいまいがた》といって会計係をしていた。百助は算盤片手に銭勘定という毎日が嫌でたまらなかった。長男三之助が蔵屋敷内の手習い塾で九九を習ったと言うのを聞いて、

「何、そんなことを習っているのか！　三之助、九九など武士の子のすることではない！」

と塾を辞めさせたほどであった。

商人に頭を下げて借金するのも気が滅入る仕事だった。そこで暇がありさえすれば漢籍ばかり読んでいた。千五百冊もの蔵書を有していたから並みの儒学者以上である。長年探していた『上諭条例』という清朝の法令集全六十四巻が手に入ったその夜に諭吉が生まれたので、うれしくて諭吉としたのであった。

東京元麻布の善福寺にある福沢家の墓に「福澤氏の先祖は信州福澤の人なり」という諭吉自らの書いた墓誌がある。福沢家はもともと信州の出で、後に豪族の小笠原家

に仕えていたが、小笠原氏が松本城主、播磨龍野藩主を経て、一六三二年に豊前中津藩に移封されたため、福沢家も少し遅れて中津に移ったと言われる。

信州の福沢という地が先祖の地であるが、信州には十一カ所も福沢がある。福沢諭吉のルーツ研究をした静岡県立大の平山洋氏は、その中で最も確からしいのは茅野市豊平福沢と言う。そこには「福沢諭吉翁祖先発祥の郷」という石碑が建っている。一六七九年の福沢村の地図に「善徳屋敷」と書かれた場所には、「福澤諭吉先祖之旧跡地」の碑がある。この屋敷が諭吉の先祖と伝えられる太郎左衛門善徳の屋敷と見なされたのである。中津に移った福沢家の初代は積善兵助という人だった。

そこにそんな石碑があると最近知って、私は仰天した。何と私の母の生家からたったの五キロで、小学生の頃に餓鬼大将だった私は、子分達を連れてすぐそばまで遠征したことがある。さらにその地は、私達夫婦の仲人をしていただいた世界的数学者小平邦彦先生の父親宅から二キロ、歌人の島木赤彦の旧居から三キロ、スケートの小平奈緒選手の生家から二キロしか離れていない。市の教育委員会に尋ねると、「福沢家先祖の地と厳密に立証されたわけではありませんが、他の十ヵ所はどこも自分の所と主張しておりませんし、確実性は高いと思われます」ということだった。地元の豊平小学校には大正十五年、福沢家から『福沢諭吉全集』全十巻が寄贈されている。

「寺にやって坊主にしよう」

父百助は、諭吉が一歳半の時に脳出血で、幼い子供五人を残し不本意な四十四年の短い人生を終えた。生前、百助は、はいはいを始めた諭吉を見ながらお順に、「これは好い子だ、この子が十か十一になったら寺にやって坊主にしよう」と毎日言っていた。当時は、生まれた時から家老は家老、足軽は足軽、商人は商人と決まっていて、何年たっても変わらない。ただ、坊主だけは修行次第で出世する。魚屋の倅が大僧正になったりする。長男三之助は跡取りだが、せめてこの諭吉だけは身分制に縛られ窒息するような人生を送らせたくない、たとえ坊主にしても名を成さしめたい、と思ったのである。

後に諭吉は、この時の父を思い出すたびに、その愛情の深さに涙を禁じ得なかったという。だからこそ、『学問のすすめ』の冒頭に「天は人の上に人を造らず、人の下に人を造らず　といへり」と記し、最晩年の『福翁自伝』には「門閥制度は親の敵《かたき》でござる」と血涙とともに綴ったのである。親の敵とは当時、「殲滅《せんめつ》すべき相手」を意味していた。

夫百助を心から尊敬していたお順は、父親をよく知らない子供達を不憫《ふびん》に思い、毎日のように父親のことを語って聞かせたから、諭吉たちにとって父百助は生きているようなものだった。食卓でも子供達の口から「父上は」「父上が」などの言葉が普通に飛び交った。お順は、死んだ人を生かし続ける方法を知っていたのだ。こうして諭吉は、死んだ父親から謹厳実直、律儀、正直、親切、向学心などの美質を受け継ぎ、母親からは惻隠の情を受け継いだのであった。

百助の葬式を終えると、お順と五人の子供達は父の遺骨を抱いて中津藩の廻米船に乗って瀬戸内海を十日間かけ中津に戻った。ところが福沢家の五人の子供達は大阪育ちのため、中津の子供達とは活す言葉も着る物も違い、友達ができなかった。諭吉が「そうでおます」と大阪弁で言うと、皆が、「そげな言葉は言わんちこ」と笑うのである。そもそも、全藩士の五分の一ほどに過ぎない上士は威張っていて、その子までが下士の子を「貴様」と呼び、下士の子は上士の子を「あなた」と呼ぶ。この習慣が、下士の子である諭吉には気に食わなかった。喧嘩では自分の方が上なのにと思った。仕方なくきょうだい五人で毎日仲良く遊んでいた。

いたずらだけは好きだった。叔父と稲荷神社で手を合わせながら尋ねた。

「この中には何がまつってあるのですか」

「もちろん御神体じゃ」

翌日、諭吉は御神体をこの目で見ようとこっそり社《やしろ》の戸を開けた。石が一つ置いてあった。

「なんだ、ただの石ころか、別の石と取りかえてみよう」と、御神体の石を捨て道端の石ころを入れておいた。翌月、初午《はつうま》の時に皆が石ころを拝んでいるのを秘かに面白がっていた。科学心が芽生えていたというより、手に負えぬいたずら小僧だった。勉強などには見向きもしなかった。

お順は五人の子供達の食事、洗濯などの世話で忙殺され、勉強にまで気が回らなかったこともあり、諭吉はほとんど本も読まなかった。女手一つで苦しい家計をやりくりしている母を助けようと、手先の器用さを生かして自宅や親類宅の障子や畳を張り替えたり、戸や屋根を修繕したり、下駄の鼻緒をすげ替えたりの手仕事をしていた。専門家に教わり、刀剣や金物の細工までするようになった。

十四歳の頃、好きなうえお金も貰える手内職に凝って勉学を忘れている諭吉を、母親が心配し始めたのを受け、兄の三之助が諭吉に言った。

「貴様もそろそろ勉強したらどうか。おっ母さんも心配しているぞ」

諭吉も友達が漢字を読んでいるのに自分が読めないことに気付き、少し焦りを感じ始めていたから、兄の勧める白石照山という人の塾に通うことになった。そこで一気に勉学に目覚め、生活が一変した。論語、孟子はもちろん、詩経、書経、蒙求《もうぎゅう》、戦国策、老子、荘子と次々に読破した。春秋左氏伝十五巻などは十一回も読み返し、面白いところを暗記してしまった。向かいの家は母の実家だったから、そこの土蔵の二階にこもって読書に没頭した。

頭脳だけでなく、身体も大いに成長し、身長一七三センチ、体重七〇キロの巨漢となっていた。古墳時代に一六三センチあった日本人男性の平均身長は以後少しずつ低くなり、江戸時代には一五六センチほどだった。諭吉は平均より一七センチも高かった。

一八五三年、諭吉が十八歳の時、ペリー提督率いるアメリカの軍艦四隻が浦賀沖に現れ開国を要求した。日本中がこれに驚いた。他藩と同様、中津藩でも海防が真剣に論議され始めた。その年の暮、兄の三之助が諭吉に言った。

「貴様は砲術に興味があるようだが、オランダの砲術を学ぶにはどうしても原書を読まねばならぬ」

「兄上、原書とは何のことです」

「原書とはオランダで出版された横文字の書だ。翻訳書というものも少しはあるが、本格的に学ぶならオランダ語の本に限る。中津藩の前野良沢先生が杉田玄白とオランダ語の本を翻訳し『解体新書』を著してからおよそ百年、今この地にオランダ語を読める者はいない。貴様はその原書を読む気があるか」

「人の読む文字なら横文字でも何でも」

田舎での生活に飽きていた諭吉は、声を弾ませて言った。漢学で圧倒的実力を示していた諭吉は、手先の器用さに関する自信よりはるかに大きな自信を、自らの頭脳に持ち始めていた。

長崎から単身大阪へ

好機は意外に早くやってきた。翌年二月、十九歳の時、藩の公用で長崎に行く兄に誘われ、オランダ語の勉強のためお供していくことになった。当時、長崎は医学や砲術といった西洋の学問を志す若者たちの憧れの留学先だったから、諭吉の心は躍り、足どりは軽かった。到着した長崎は、海に向かって坂の連なる美しい町だった。中津藩元家老の息子で蘭学の勉強に来ている奥平壱岐《いき》のいる寺に転がり込むこととなった。諭吉より十歳ほど上だが中津では漢学塾での同門というつてを頼ったのである。日中は壱岐の身の回りの世話や、寺の清掃などの雑用をした。

しばらくして壱岐が上役のように横柄に振舞い始めたので、長崎に来てまで元家老の息子に威張られることはないと寺を出て、砲術家山本物次郎の食客となった。兄は大阪の蔵屋敷に転勤となったが、諭吉は山本の日常生活を手伝ったり、その息子に漢学を教えたりしながら、山本自身や蘭方医、オランダ通詞などにオランダ語を習い原書を読んだ。と言っても、お金がないので正式に入門することはできず、そこの弟子などに習ったのだ。それでも語学に天才的才能のある諭吉のオランダ語はめきめきと上達した。

そんな矢先、突然中津にいる従兄から手紙が届いた。

「母親が病気だからすぐに中津に帰るように」

慌てて帰ろうとした諭吉に続信が届いた。

「御隠居様（壱岐の父で元家老）からの命令で余儀なくあんな手紙を書いたが、母親は元気だ。心配するな」

　諭吉の蘭学の著しい進歩と、自らの先生でもある山本の諭吉への寵愛を妬んだ壱岐が父親に頼み、諭吉を中津に戻そうとした猿芝居だった。腸《はらわた》が煮えくり返ったが、喧嘩しても下士が上士に勝てるわけもない。現実主義者であり、決断力の人でもある諭吉は、

「こんな所にいないで、長崎より蘭学の盛んな江戸に行ってしまおう」

　と思った。

　翌朝、壱岐に沈痛な面持ちで言った。

「中津からの手紙で母の病気が重いとのこと、急ぎ帰郷させてもらいます」

「そうか、気の毒なことじゃ。とにかく帰国するがよかろう。母親の病気全快の上はまたこちらに来られるようにしてやるぞ」

　呆れ果てた諭吉はそのまま中津には寄らず、まっすぐに小倉へ向かい歩き始めた。そこから船で下関へ渡り、瀬戸内海を経て大阪まで行ってしまった。元家老を巻き込

んだ奸計を平然と無視した、というのは諭吉の大胆さであるが、幕末ともなると封建制度のタガもかなり緩んでいたのだろう。お金が足りず明石から大阪までの六十キロは歩いた。十五時間かかって兄のいる蔵屋敷にたどり着いた諭吉に、三之助が言った。

「どうして長崎からだしぬけにここに」

「はい兄上、長崎で学べることは学んだので、蘭学をもっと深く勉強するため江戸へ行くつもりです」

「貴様は母上のいる中津を横目に見てここまで来たのか。この親不孝者め。俺が大阪で貴様に会っていながらこのまま江戸に行かせたとしたら、兄弟共謀ということになり母上に合わせる顔がない。大阪にも緒方洪庵という蘭学の大先生がいるから、ここで勉強しろ。ここなら母上もよく知る所だから心配すまい」

ぐうの音も出ない諭吉は兄の勧める緒方の蘭学塾、適塾に入門した。二十歳だった。

適塾に学ぶ

これが諭吉の運命を拓くこととなった。壱岐の意地悪のおかげだった。諭吉は強運の人だったのだ。長崎で蘭学の基礎を学んでいたが、きちんとしたオランダ語の文法を習うのはここが初めてだった。諭吉の学力は群を抜いて伸びた。四六時中書物に向かい、眠くなると机に突っ伏して眠るか、そのままゴロンと転がり床の間の床縁《とこぶち》を枕に眠る、という乱暴なやり方と極端な集中力で勉学に打ち込んだためであった。猛勉強したのは諭吉だけでなかった。江戸では西洋の新技術や砲術を取り入れることが諸藩の藩邸の急務だったから、少しでも洋書を読めることが、生計を立てる道に直結していた。運がよければいきなり何百石の侍として召し抱えられることもあった。が、大阪は商人の町で、洋学を修めてもまともな仕事にありつけない。適塾の塾生は知的好奇心と日本で自分だけが西洋の先進学問を学び知っているという誇りだけから、猛勉強に励んでいた高等遊民だったのである。江戸の塾生より大阪の塾生の方がよくできたのは、「目的なしの勉強」のせいだと諭吉は言う。「始終我が身の行く先ばかり考えているようでは修業はできなかろう」とも言う（『福翁自伝』）。

諭吉は品行方正な模範生という訳ではなかった。ある夏、夜十時過ぎに酒が飲みたくなり、塾の仲間数人とよしず張りの飲み屋で芋だこ汁とつまらない肴で安酒をたっぷり飲んだ。帰り際に塾で使えそうな小皿を五、六枚失敬してきた諭吉は、夜十二時過ぎに難波橋まで来た。すると下の方から三味線を鳴らして騒ぐ声が聞こえる。橋の上から覗くと、茶船の上で客が酒を飲みながら芸者と騒いでいた。「あんな奴等がいるから我々が貧乏するのだ」とつぶやくや、諭吉は手の小皿を二、三枚投げつけた。最後の一枚を投げると三味線の音がぷっつり止んだ。何と命中し三味線の裏と表の皮を打ち抜いたのだ。一目散に逃げたが、当たり所によっては殺人犯となり、福沢諭吉もそれまで、となりかねないところだった。

酒の上での数々の失敗は諭吉の人生における汚点であったが、それは同時に親しみを感じさせる所でもある。酒の上での愚行を除けば、諭吉は父親譲りの、品行方正を絵に描いたような人物であり、人情の機微に通じていた。

こんな時、任期明けで故郷中津へ戻った兄三之助がリューマチ熱で急死、との早飛脚（今の速達）が舞い込んだ。「至急帰国せよ」ともあった。大慌てで中津へ戻ると、諭吉が三之助に代わり福沢家の家督を継ぐことがすでに親戚一同の相談で決まってい た。間もなく諭吉に藩庁から「御固め番（城の門番）を命ず」との知らせが届いた。

「これまで蘭学の研鑽を積んできたのは中津で御固め番をするためではない」と苦慮したが致し方ない。しばらく門番を勤めていたが、緒方塾のことばかりが頭に浮かぶ。かと言って自分が大阪に戻れば、兄嫁が再婚してしまった今、母は兄の遺児、まだ幼いお一《いち》と二人だけになってしまう。そんな親不孝はできない。眠れない夜の続いた後、諭吉は意を決して母親のお順に打ち明けた。

「この中津にいても一生、下級武士のままです。どうか大阪に戻らせてください。父上は私を坊主にすると言われたそうですね。私は寺の小僧になったと諦めてくださ い」

話を黙って聞いていたお順が言った。

「分かりました。お前の好きなように生きるがよい」

諭吉の情熱と才能を知っていたお順は、諭吉に夫百助のような苦渋に満ちた人生を送らせたくなかったのである。藩には「砲術修業のため大阪に行く」ということで許可をもらった。

適塾に顔を出すと、諭吉の才能を見抜いていた緒方洪庵先生は、泊まる所も金もない諭吉を塾の食客としてくれた。そして他の塾生に不公平と映らないため、一計を案じてくれた。諭吉は中津で御固め番をしている時に、かつて意地悪をされた壱岐から高価な蘭語の「築城書」を借り、ちゃっかり写本してしまっていた。その翻訳のため、という名目にしてくれたのである。緒方先生は心優しい人だった。諭吉の人並外れた才能に惚れ込んだ緒方先生は、翌年諭吉を塾頭とした。諭吉は並居る秀才たちの頂点に立ったのである。大村益次郎《ますじろう》、大鳥圭介、長与専斎《ながよせんさい》、佐野常民《つねたみ》、橋本左内など幕末維新の異才を育てた緒方塾における、歴代最年少、二十二歳の塾頭だった。

オランダ語が通じない！

さらに、一八五八年夏、日本と米、英、仏、蘭、露との間に修好通商条約が調印された。幕府はすでに仏を除く四ヵ国と和親条約を結び下田と箱館を開港し、鎖国を終わらせていたが、修好通商条約はさらに横浜、神戸、長崎、新潟を開港し、これらの国々との貿易ルールを決めたものだった。

初秋のある日、諭吉は緒方洪庵先生に呼び出された。

「先生、ご用でございますか」

「うむ。実は江戸の中津藩邸からおぬしに呼び出しじゃ」

「はっ」

「江戸の藩邸に設ける蘭学塾の教師になって欲しいとのことだ。適塾で塾頭を務めるおぬしを見込んでのことじゃ。よかった、よかった」

「光栄でございます」

外国勢が大挙して来日するのに備え、幕府は西洋技術の本格的導入に着手していた。各藩に砲台の設置や造船を奨励すると同時に、洋式銃部隊を創設させるなど大童《おおわらわ》だった。中津藩もその動きに遅ればせながら乗り、まず蘭学となったのである。諭吉は優しかった兄の三之助に叱られたことを思い出し、とりあえず中津に戻り、母のお順に挨拶すると、直ちに江戸に向かった。汐留にある藩邸に挨拶し、築地の中津藩中屋敷をあてがわれた。上屋敷は大名や家老など主だった側近が住み、下士は中屋敷と決まっている。ここの長屋に住み、ここで蘭学塾を開いたのであった。慶應義塾の始まりであった。

藩邸までは一キロほどで便利だし、蘭学の総本山とも言える桂川家には歩いて五分だ。当主の桂川甫周《ほしゅう》は幕臣であり、そこには洋書もたくさんある。すぐに入り浸り、本を借りては写すようになった。桂川家には生後五ヵ月で母親と死別したみねという三歳の幼女がいた。子供好きの諭吉はいつも淋しそうにしているみねを気にして、背中に乗せ、馬になったりして遊んでやった。この幼女は長じて今泉みねとなり、『名ごりの夢』（平凡社東洋文庫）を著したが、諭吉の広い背中に見とれたことや、一番質素な身なりながら、他の弟子は一、二ヵ月かかる写本を大抵五日でやってしまった、などと書いている。諭吉には並外れた体力と集中力があったのだろう。

翌一八五九年、修好通商条約に基づき、横浜、長崎、箱館の三港が日本で初めて貿易港として開港となった。諭吉は外国人居留地とはどんなものか、と徒歩で横浜に出向いた。これまでの勉強で自信のついたオランダ語を試してみようとも思った。ところが、居留地にある店の看板が何一つ読めないし、商品のラベルも分からない。どんな外国人にオランダ語で話しかけてもチンプンカンプンという有様だった。

「これまでの血と汗と涙の勉強は何だったのか」

膝から崩れ落ちそうになるのに耐えるのが精一杯だった。オランダに昔日の面影はなく、英国が世界の覇権を握っていることも、蘭書の多くが英語や独語で書かれた本の翻訳であることも知っていた。ただ、これほどまでとは思いもよらなかった。家に戻ってもその夜は寝つけなかった。蘭学に青春を燃やした日々が諭吉の胸に虚しく去来した。

翌朝、決断の早い諭吉は直ちに英語の勉強にとりかかった。明治人の進取の精神である。昼間は塾生に任務として蘭語を教え、夜は藩に願い出て買ってもらった英蘭辞書を頼りに英語の猛勉強を始めた。英語を知る人は日本にほとんどおらず、教えてくれる人など皆無だった。

諭吉の決断力は異常とも言える。中津で漢学を猛勉強し、漢学塾の先生の前座を務めるまでになりながら、長崎に行くやそれをあっさり捨て去った。長崎に出てから大阪の適塾へと、五年間もかけて死に物狂いで勉強した蘭学を、今度は横浜を訪れたその日にすっぱり捨て去ってしまったのである。普通なら、

「五年も命がけで蘭語を学んできたのだから、これを生かせる道を何とか探そう」

と考えるのが人情である。諭吉の胸には、「生計を立てて身の安定を図ろう」という意識がまったくなく、帝国主義に染まった外国勢がヒタヒタと日本に迫る中、「どうしたら祖国のために役立つ人間になれるか」しかなかったのである。祖国愛の人だった。

本が「ボーク」、鳥が「ビルド」

この年の暮れ、日米修好通商条約の批准書交換のため、幕府がアメリカのワシントンに使節団を送ることになった。正使の新見豊前守正興たちは米軍艦に乗船するが、それに随行する形で幕府の軍艦咸臨丸《かんりんまる》が演習航行することになった。咸臨丸の提督は軍艦奉行の木村摂津守、艦長は勝海舟だった。通訳ジョン万次郎（中浜万次郎）はもともと土佐の漁師だったが、十四歳の時に遭難して漂着した無人島で生活しているところをアメリカの捕鯨船に助けられ、そのままアメリカへ行き十年ほど暮らした人だった。

英語の猛勉強を始めた諭吉は、蘭語との類似からある程度読めるようになっていたが、発音の方は本が「ボーク」、鳥が「ビルド」となったりでままならない。会話はお手上げだ。諭吉は、

「咸臨丸に乗ってアメリカへ行き、向こうの様子を見聞してこよう。途中、ジョン万次郎に英語を教えてもらえるかもしれない」

とひらめいた。これも進取の精神だった。

頭の回る諭吉はふと、木村摂津守が、日頃から自分の出入りしている幕府の蘭方医

咸臨丸

桂川甫周の亡き妻の弟であることを思い出した。早速に桂川家へ、木村摂津守の従者として咸臨丸に乗せてもらえるよう、紹介状を頼みに行った。諭吉の能力ばかりか、諭吉が母親の顔を知らない幼い娘みねに優しくしてくれていることも知っていた桂川は、すぐに応じてくれた。木村摂津守も姪のみねを不憫に思い可愛がっていたから、緊張し切って現れた諭吉の顔を見るや、かねてからの友人に対するような笑みをたたえ、いきなり

「桂川からみな聞いている。私の従者として乗船を認めよう」

と言った。

壱岐の意地悪のおかげで適塾に入り運命が拓けることとなり、三歳のみねを広い背中に馬乗りさせ這い這いしたのがアメリカ行きにつながった。諭吉は強運の人だった。

化学などの蘭書を読みあさり、実験にまで手を染めていたからであった。ただ諭吉にとって、門閥制度がなく男女同権の世界を目の前で確認したことは大きな収穫だった。

帰国すると、木村摂津守の推薦があったのだろう、幕府外国方（今の外務省）に雇われた。外国の公使や領事が幕府へ提出した公文書の翻訳が仕事である。日本人が英語をできないことを知っている彼等は、必ずオランダ語の対訳を付けていたから、諭吉にとってすこぶる好都合だった。諭吉はこの作業を通じ英語力を飛躍的に伸ばした。そして蘭学塾を英学塾に変えてしまった。

辞退者が出て遣欧使節団に

翌年、二十六歳となった諭吉は中津藩の上士、土岐家の娘、丸顔で笑顔の可愛い十六歳のお錦《きん》と結婚した。二百五十石の上士と十三石の貧乏下士諭吉との結婚は異例中の異例で、中津藩でも騒ぎとなった。お錦の父親が、諭吉の大きな将来性を見込んでいたうえ、諭吉の亡兄三之助の学識や人格にも感銘を受けていたから、トントン拍子にこの格差婚が進んだのである。二人は仲睦まじく、子煩悩な諭吉の性格とあいまって四男五女に恵まれた。

新婚の諭吉は、お錦をおいて遣欧使節団に翻訳方として加わることになった。参加予定者に当初は入っていなかったのだが、出発間際に一人が辞退したので、諭吉にチャンスがめぐって来たのである。恐るべき諭吉の強運だった。正式の随行員として支度金四百両を貰ったので百両を中津の母親に送り、一八六一年の暮に英軍艦で品川を出港した。

一行は長崎、シンガポール、セイロン島を経てスエズに到着した。シンガポールやセイロン島で、英国人が現地人を野良犬や家畜のように扱うのは諭吉にとって衝撃だった。植民地の悲劇を思い知り、祖国日本の大改革と富国強兵の緊急性、そのためには何よりまず日本国民の意識改革だと確信した。スエズ運河はまだ建設中だったので、汽車でスエズからエジプトのカイロへ行き、再び船に乗りナポレオン三世治下のフランスのマルセイユ、そこから汽車でパリへ着いた。更にロンドン、オランダ、ベルリン、ロシアのペテルブルク、そして再びベルリン、パリを通り、ポルトガルのリスボンと回り、そこから地中海を通り元の道を経て帰るという、一年間にわたる旅だった。発音がメチャクチャの諭吉はシガー（煙草）とシュガー（砂糖）を間違えて買ったりもしたが、その観察力は抜きん出ていた。一行が初めて乗る汽車の速さに感嘆している間に、彼は鉄道会社の構成や経営について尋ねまくり、皆がヴェルサイユ宮殿の絢爛に肝を潰している間に、進行中の南北戦争や独仏間のアルザス・ロレーヌ問題、ビスマルクの下で勃興するプロシアの動向など欧州の地政学について調査していたのである。この八年後に普仏戦争が始まり、プロシアに乗っ取られたヴェルサイユ宮殿でドイツ統一が宣言されたのだから、諭吉の鋭い嗅覚には感嘆せざるをえない。ただ、病院で膀胱結石の手術を見学した時だけは観察力を発揮できなかった。血を見た途端、だらしなくも気絶してしまったからであった。

それまでの日本における洋学、すなわち蘭学が、医術、砲術、兵法、航海術、地理などに限定されていたことに、諭吉は疑問を抱いていた。これらの技術はなるほど重要だが、それらを運用するためのソフトを研究しなければ、日本にこれらを根付かせることも文明開化することもできない、とすでに悟っていた。だから日本を出る前から、選挙、議会、内閣、徴兵制、税制などの仕組みを調べ、病院、銀行、保険、郵便、軍隊、学校などの組織運営を研究することに的を絞っていた。

蘭書により十九世紀中頃までの科学技術にかなり通じていたから、欧米に行って眼前の技術的驚異に幻惑されずソフトに集中できたのである。「目的なしの勉強」で幅広い教養を身につけた成果であり、常に「日本の文明開化」を念頭におく祖国愛の成果であった。

暗殺を恐れ夜は外出せず

一年ぶりに帰国した日本は攘夷論の真っ盛りだった。出発前にも桜田門外の変で、開国を強行しようとした大老の井伊直弼《なおすけ》が水戸浪士に殺されたりしたが、今やこのような暗殺が、天誅《てんちゅう》の名でほとんど毎日のように行なわれている。どこの誰だか分からない浪人とか称する者たちがヒョコヒョコ出てきて、外国人を見ると襲いかかり、幕府の翻訳方にいる仲間までが襲われる。外国貿易に携わる商人が恐怖から店を閉めたりしている。ついには薩摩藩士が大名行列の前を横切った英国人を斬り殺してしまい（生麦事件）、薩英戦争につながる。長州藩は下関海峡を通過したアメリカなどの船を砲撃する。洋学者にも攘夷派の刃がすぐそばまで及んできている。ヨーロッパ帰りで、しかも英学塾で教えている諭吉などは不埒《ふらち》な売国奴として格好の暗殺候補である。ヨーロッパで見聞したことなど人前で話すことすらできない。さすがの諭吉もこう書いている。

「怖くてたまらぬのは襲撃暗殺の一事です。……およそ世の中にわが身にとって好かない、不愉快な、気味の悪い、恐ろしいものは、暗殺が第一番である。……私が暗殺を心配したのは毎度のことで、あるいは風声鶴唳《ふうせいかくれい》（風の音や鶴の鳴き声のようなささいなこと）にも驚きました」（『福翁自伝』）

夜間は用心のため外出せず、昼間の外出には頭巾をかぶり、旅に出る時はお供を連れ偽名を用いる、という念の入れようだった。夜は外出しないようにしていた諭吉だったが、ある日、深川の旗本の家で洋学者仲間が集まり楽しく話しているうちに深夜になってしまった。まとまって船に乗り、新橋で上陸した諭吉が大通りを一人で歩いていると、向こうから大きな男がヌッと出てきた。どの家も固く戸が閉ざされていて助けを求めるすべはない。

「さあて困った。これは危ないかも。でも逃げたら殺《や》られる」

ととっさに思った。

「臆病な風を見せると危ない、道の真中を堂々と進むしかない」

と考え道の真中へ出ると、何と向こうも真中に出て来る。

「さあ困った。こうなったら仕方ない。向こうが刀を抜きかかるや、少年の頃から鍛えた立身《たつみ》新流居合い抜きで斬り捨てよう」

と、胸をドキドキさせながら一歩一歩近づいた。とうとうすれ違いとなった。向こうもこちらも抜かない。すれ違った瞬間に脱兎の如く諭吉は逃げ出した。十メートルほど先で振り返ると、向こうも懸命に逃げていた。

暗殺の恐怖はこの後十年も続き、明治初年に建てた家は床を高くし、押入れの床に逃げ出し口を作ったほどだった。

諭吉ほど大胆不敵な人はいない。故郷の中津で勉強した漢学をスッパリ捨て、長崎へ出るとあちらこちらの食客となりながら蘭学を始める。中津藩元家老を巻き込んだ策謀をあっさり無視して大阪へ出る。猛烈に学んだ蘭学を捨て英学に切り替える。普通の人間なら大いに苦悩するところを何事もないように実行する。一方、諭吉ほどの臆病者もいない。手術に立ち会っただけで気絶するし、暗殺を恐れ十年間も夜の外出をしないほどだったからだ。大胆と臆病を併せ持った二面性の人だった。

刀剣を全て売り払う

このような中で諭吉は、ヨーロッパにおける実地調査をふまえ、『西洋事情』の執筆に心血を注いだ。これは四年後の一八六六年に初篇が発行された。四年近くかかっているのは、攘夷派による暗殺が下火になるまで刊行を待っていたこともあるのだろう。ただ、攘夷派が暴れていて諭吉は酒を飲みに外出もできなかったから、この重要な本が維新直前という絶好の時期に生まれたともいえる。強運の人なのである。
当然のことながらこれはベストセラーとなった。徳川慶喜、西郷隆盛、大久保利通、勝海舟、坂本竜馬、岩倉具視《ともみ》、木戸孝允、伊藤博文など幕末維新の実力者たちは皆これを熟読した。幕閣たちはもちろんだが、権謀術数と武力で政権を握っただけで実体は無学無教養の志士にすぎない新政府高官たちも、もはや鎖国攘夷を捨て開国せざるを得ないと考えていたものの、どのように文明開化すればよいかの指針となるものを持たなかった。皆が競って『西洋事情』に飛びついたのはそんな理由からだった。そしてこの本を座右に置いて日本を作り上げた。福沢諭吉は近代日本を作った設計家と言える。それに比べ、前述の政治家たちは、諭吉の設計図に従い施工した大工の棟《とう》梁《りょう》のようなものだった。

『西洋事情』の出た一八六六年、諭吉は父百助の差していた小刀を除き、十本ほどあった刀剣を全て売り払った。武士としての格好を保つため、形見の小刀の鞘を長くして大刀代わりに、金物屋で買った鰹節小刀を鞘に納めて脇差代わりに腰に差した。暗殺の恐怖に震えているのに、これからの時代に刀など不要と、武士の魂とも言われたものを売り払ったのだから、ここにも臆病にして大胆という二面性が表れている。

この年には、二年前の禁門の変で御所を砲撃するという前代未聞の蛮行を働き、京都守護職の会津藩とそれに協力した薩摩藩に木っ端みじんにされた長州が、何と一転、攘夷派の親玉である薩摩と同盟を結んだ。討幕の意を固めたのである。

討幕前に幕府の統治能力欠如を人々に印象づけるため、江戸を混乱に陥れようと、薩摩藩士、そして彼等に雇われた浪人やならず者達が、襲撃、辻斬り、強盗、強姦、放火などを連日のように行なった。江戸の市中取締役を担っていた庄内藩が、賊を追いかけると多くが三田にある薩摩藩邸に逃げ込んだ。首謀者が薩摩と知った庄内藩が賊徒の引き渡しを薩摩藩邸に求めたが応じない。そこで薩摩藩邸焼き討ちとなった。こんな状況の中、諭吉は自衛のための唯一の武器を売り払ったのである。

著書は売れたが肝心の塾の生徒は減る一方で、慶応四年（一八六八年）にはたったの十八名にまでなった。諭吉は人件費をはじめ塾を維持するため、私財を惜しみなく注ぎこんだ。またこれまで「蘭学所」とか「福沢塾」と呼ばれていた塾を「慶應義塾」という塾名に変えた。

薩長の企んだ偽勅により朝敵となった幕府軍は優勢な軍を有しながら鳥羽伏見の戦いに敗れた。「天皇を戴《いただ》いた者が勝つ」という日本の特性を薩長は見抜いていたのである。徳川慶喜は江戸に逃げ帰った。薩長を主とする西軍は東へ東へと迫ってきた。江戸城は無血開城となったが、幕府軍の一部が彰義隊と称して上野の山に立てこもり、西軍との戦いが始まった。

朝からの大砲声に塾生は屋根に上り、十キロも離れていない上野に上がる黒煙を遠望していた。戦争だ、と市民が大八車に家財道具を積んで逃げ出し始めたが、諭吉は不動だった。諭吉は砲声の音には構わず、不安気な塾生を前に厳然と言った。

「慶應義塾はいかなる騒乱があっても、未だかつて洋学の命脈を絶やしたことはない。この塾のある限り、日本は世界の文明国であり続ける」

居並ぶ生徒たちは感激に胸を震わせ、誇りに胸を張った。諭吉はそう宣言してから、通常通り、ウェイランドの『経済学』を講義し始めたのだった。

廃藩置県に「絶叫」

新政府への招きも何度かあったが、出世に興味のない諭吉はすべて断り、明治三年（一八七〇年）、『西洋事情』の最終編を書き終えた。前々から諭吉は、故郷中津で兄三之助の遺児お一と二人だけで爪に火を灯《とも》すような暮らしをしている年老いた母お順を、残された唯一人の息子として心配していた。いよいよ江戸に迎えようと中津に帰郷してせつせつと訴え、東京移住をなんとか了承してもらった。母、お一、そして妻お錦の姉とその息子の四人を東京に連れて帰ることになった。

『西洋事情』で一躍、当代随一の知識人となった諭吉を、維新前には言葉を交わすことさえできなかった藩の家老たちが筆頭家老奥平の屋敷にて勢ぞろいで歓迎した。諭吉は通されるままに、躊躇も見せず大広間の奥まで進み、床の間の前に腰を下ろした。諭下座に居並ぶ家老達を前に、ふと、門閥制度に泣いた亡き父や兄にこの姿を見せてやりたかった、と思うと胸に迫るものがあった。彼等は、この大変な時期に際し、藩の基本路線をどうすべきか、諭吉に尋ねた。日本国はすみずみに至るまで、新しい時代の到来にどう対処したらよいか、迷いの中にあったのである。

諭吉は中津を後にするにあたり、「中津留別《りゅうべつ》の書」を知人に託した。この中で、

「故郷を思わない者がいるでしょうか。故郷の人々の幸せを祈らない者がいるでしょうか」

と記した。中津を捨てた形で飛び出した諭吉だったが、中津の門閥制度を嫌悪して飛び出しただけで、十九歳までを過ごしたこの地に対し、終生、強い望郷の念を抱いていた。それは中津藩の優秀な若者を多く義塾に入れたり、自らの片腕としたり、義塾の事務員としたり、中津での学校創設には義塾の卒業生を多く送ったことにも表れている。

『西洋事情』のおかげで塾生が激増し手狭になったので、より広い場所へ引っ越す必要が生じた。参勤交代がなくなった東京には各藩の空屋敷がいくらもあったが、諭吉は三田にある島原藩中屋敷に目をつけた。小高い丘の上で、遠くに海も眺望できすっ

かり気に入ったのだ。一目惚れの土地を獲得しようと諭吉は、東京府から拝借許可をもらうため知恵を絞った。東京府に赴くと高官に、

「東京における治安は、諸藩の兵士が銃を担いで市中を巡回することでなされています。これではまるで戦地のようです。より洗練された西洋風のポリス制度を導入した方がよいでしょう」

「ポリス制度とはどんなものでしょうか」

待ってましたとばかりに諭吉が答えた。

「どんなものか、その組織や運営について至急調べてみましょう」

早速いろいろな原書で調べたことをまとめた諭吉は文書にして提出した。これを元に東京府は新しい巡査制度を組織した。諭吉の狙いはこうして東京府に貸しを作ることだった。思惑通り間もなく、島原藩中屋敷の拝借許可が公式に認められた。諭吉はなかなかの戦略家でもあったのである。

こうして明治四年、慶應義塾は今日の三田に引っ越した。自宅もここに移し、母お順たちとゆったりと暮らせるようになった。しかし拝借しているのではいつ立ち退き

を命じられるか不安である。諭吉はまたもや、府から借りている土地をすべて安価で払い下げるよう働きかけた。まんまと成功し、この一万四千坪の一等地と本邸を合わせ、何と五百数十円（現在で三百万円ほど）と只《ただ》同然で払い下げてもらった。諭吉は自らのために地位や金銭を求めなかったが、慶應義塾のためにはかなり無理もしたのだった。

明治四年の「廃藩置県」は、諭吉を驚喜させる一大快事であった。諭吉が長く抱いていた持論であり、夢でもあったが、実現は当分ないと思っていたものだ。剛腕で鳴る西郷隆盛が薩長土の三藩の兵一万からなる御親兵を作り、反対の諸大名を威圧しつつ一気に断行してしまったのである。大名に代わり、政府が県令を任命し地方へ送り、旧藩兵は解散、その武器は政府が没収、年貢も政府のものとなった。封建国家から完全に脱皮し、近代的統一国家の戸口に立ったのであった。

西郷隆盛得意の、「文句を言う奴は殺す」という威嚇含みの剛腕なくしては、まだ何年も達成されなかったであろう大快挙であった。諭吉は嬉しさの余り「絶叫した」と書いているから（『福翁百余話』）、心底嬉しかったのだろう。

上から目線の『学問のすすめ』

その頃、諭吉は発疹チフスで弱った身体を休めようと、有馬温泉に向かった。大阪で故緒方洪庵先生の夫人に挨拶してからカゴで有馬に向かった。カゴに飽きたので途中で下りて歩いてみると気持ちよい。話し相手がおらず退屈になったので、向こうから来る百姓風の男に道を尋ねた。

「こりゃ待て、向こうに見える村は何と申す村だ、シテ、村の家数《やかず》はおよそ何軒ある。あの大きな瓦屋根の家の主人の名は何と申す」

くだらないことを士族丸出しの口調で尋ねると、男は道の端に立って小さくなり、

「恐れながらお答え申し上げます」

などと答える。面白くなった諭吉は、今度は向こうから来る男に、

「モシモシ憚《はばか》りながら一寸《ちよと》ものをお尋ね申します」

と、昔鍛えた上方弁で声をかけた。すると男は諭吉を借金取りの上方商人とでも見

なしたのか横柄に構え、ろくな挨拶もせずにさっさと行ってしまった。いたずら好きの諭吉はいよいよ面白くなり、十キロほど歩く間に、交互に侍言葉と商人言葉で人々に話しかけてみた。反応はまったく同様だった。諭吉は思った。人は相手次第で卑屈になったり傲慢になったりする。

「役人が威張るのも無理はない。人はよく圧制などと言うが、人民の方が圧制を招いているのだ。義塾で少年達に原書を読ませているばかりでは文明開化できず、世の中は変わらないだろう。広く人民に働きかけないとダメだ」

こう思った諭吉は新しい著作にとりかかった。誰でもが読めるよう、それまでの書物とは違い、平易な通俗文で書き始めた。『学問のすすめ』だった。

「天は人の上に人を造らず、人の下に人を造らず　といへり」

冒頭で高らかに謳い上げたこの言葉は新しい時代の始まりを告げる宣言だった。長らく身分制度に縛られていた人々はこの宣言に衝撃を受け、感動した。この著作は全十七編からなり、明治五年から明治九年にかけて全編が順次発刊され、合計三百四十万部の超大ベストセラーとなった。当時の人口は三千五百万ほどだったから、約十人に一人が買ったことになる。現在の人口なら千二百万部という目も眩むようなベストセラーである。

この本の書きっぷりは激烈かつ高圧的である。徹底した「上から目線」である。

「賢人と愚人との別は、学ぶと学ばざるとによりて出来るものなり」

「この人民ありてこの政治あるなり」

また太陽暦導入時には『改暦弁』において、

「此《この》改暦を怪《あやし》む人は、必ず無学文盲の馬鹿者なり」

と切って捨てた。ショック療法により、封建制度の下で思考を放棄してしまった人民を叱咤激励したのであった。

『学問のすすめ』七編では、主君の敵討《かたきうち》を果たし華々しく散った忠臣義士を、主人の使いに行き一両の金を落として途方にくれ、申し訳ないと木の枝にふんどしを掛けて首をくくる権助《ごんすけ》と同一視し、文明に益することのない点で同じ犬死としたことが問題となった。国民的英雄の赤穂四十七士を揶揄したと評判が悪かったが、これが「楠公《なんこう》権助論《ごんすけろん》」にまで発展した。後醍醐天皇を奉じ、湊川の戦いで足利軍に敗れた責任をとり自害し、天皇の忠臣として偶像化までされている楠木正成《くすのきまさしげ》を、諭吉が権助と同類と言っている、と難癖をつけた者がいたからである。諭吉は楠木正成について何も触れていないのだが。

閉口したのか、諭吉は十三編で、「凡《およ》そ人間に不徳の箇条多しと雖《いえ》どもその交際に害あるものは怨望より大なるはなし」と記し、成功者に対する嫉妬を戒めた。成功者にはむしろ敬意を払い、自らも成功を目指すべしと説いたのである。ただ、やっかみは世の常で、いくら諭吉に恥ずかしいことと諭されても、やっかみが消えることは金輪際ないだろう。こういう私も、自分が取り組んでどうしても証明できなかった問題が、他の数学者に証明されたとのニュースを聞くたびに「証明が間違っていればいい」と秘かに願っていたのだ。

諭吉の武士道

諭吉は、義塾の経営をできるだけ塾出身の有能で信頼できる弟子たちに任せ、自らは著作に専念し、明治八年には『文明論之概略』を刊行した。古今東西の文明の発達を概観し、インドやアメリカで白人が原住民に対して行なっているような暴虐を受けないためには、西洋文明を摂取することで日本を近代化し、科学技術力や軍事力を高めることが喫緊の課題と、博覧強記を発揮して論陣を張った。諭吉は日本が他国と違い、これまで外国の支配を受けず国体を守ってきたことが何より尊いとし、これからも人種偏見に満ちた、卑劣な欧米列強の植民地とならぬことが何より大事と説いた。欧米の文明国が、その文明の利器を用い、世界を自分達の植民地として分割統治しようとしているのを、何度かの洋行で鋭く洞察していたのである。「外国に支配されず国体を守ること」が、諭吉の終生の最大テーマであった。帝国主義、植民地主義の吹き荒れた十九世紀において、このテーマは必然であり正鵠《せいこく》を射ていた。

『文明論之概略』は、リアリストの諭吉が豊富な知識と研ぎ澄まされた分析力を用いて、類い稀な大局観と先見性を炸裂させた渾身の作だった。

いつも通り気合が入り過ぎてのハッタリや勇み足もある。儒教思想を徹底的に攻撃したのである。封建時代のバックボーンとして嫌悪する余り、「孔孟の教えで素晴らしい政治をした者はいない」などとバッサリ切り捨てたのだ。人々の目を覚ますために議論を単純化し、ハッタリをかましたのだ。

これも諭吉の二面性であった。彼の父は儒学者であり、彼自身、儒学を猛勉強しただけでなく、儒教で最も大切な五常、すなわち「仁、義、礼、智、信」の権化のような人だったからである。たとえば仁とは人を愛し思いやることだが、諭吉はそれを母親のお順から受け継いだのか、骨の髄から惻隠の人だった。それなのに人々を文明化するという目的のために全否定してみせたのである。これは、武士の魂である刀を誰より早く幕末に売り払い、すなわち誰より早く武士を捨てながら死ぬまで武士道精神（義勇仁）を守り通した、という二面性にも通じている。

儒教攻撃に関して、父百助の親友で諭吉も心から敬愛する儒学者、中村栗園《りつえん》から手紙が届いた。百助の死を聞いて滋賀から大阪まで徒歩でかけつけ、遺体にすがりつきさめざめと涙を流した人である。葬式後、百助の遺骨を抱き、大阪の蔵屋敷を出る母子六人を、一歳の諭吉を抱いて船着き場まで送ってくれた人である。

「儒学の否定は、自分の父親の否定となることを分かっているのか」

さすがの諭吉も全面降伏だった。

「不孝との言葉に震えおののきました。父は儒学の徒でしたが私も同じです」

諭吉自身、儒学からの完全な脱皮に苦しんでいたのである。

『西洋事情』は幕末維新の要人のほぼ全てに熟読されたが、彼等はその後の『学問のすすめ』そして『文明論之概略』も愛読し、多くが諭吉を当代随一の学者と尊敬した。西郷などは諭吉を絶賛し、『文明論之概略』は晩年、常に座右に置いていたという。諭吉も廃藩置県以来、西郷を高く評価していた。

明治十五年、諭吉は新しく「時事新報」という名の新聞を創刊した。以後、彼はここを中心に言論活動を展開することになる。薩長による藩閥政治を厳しく批判し発行停止処分を受けたりしながらも屈せず、自由に筆をふるった。「節倹論」では、松方正義大蔵卿が西南戦争後のインフレ対策として取った緊縮財政を批判し、不況克服には緊縮財政は無効で、消費の拡大こそが有効需要の増大、ひいては雇用拡大につながると論陣を張った。ケインズ理論が登場する何と半世紀も前に、ケインズ的不況克服を提案したのだった。緊縮財政を取り続け二十年余りも不況を続ける我が政府や財務省にも聞かせてあげたい話である。

「時事新報」には「脱亜論」などセンセーショナルなものもあったが、最も諭吉らしいと思われるのは最晩年の明治三十四年に出た「瘠我慢の説」であった。

「勝海舟と榎本武揚は武士として見苦しい、地位や勲章を捨て隠退すべきである」

と直言したのである。特に勝海舟には手厳しい。

「西軍が江戸に攻め上がってきた時、味方に勝算のない相手に戦いを挑むのは江戸の町を焼くだけで無益だから、無血開城して事態を収拾した」

と勝は言い、

「江戸を救ったのは俺だ」

と自慢している。

「とんでもないことだ。自国がはるかに強い敵に攻められた場合、たとえ勝算がなくとも死に物狂いで戦うべきである。その後でようやく、和平をするか討死かを選ぶのであり、まずは瘠我慢して戦うのが正しい道である。勝には瘠我慢が欠けている。敵と戦わず降伏したのは江戸を焼かずに済み復興の手間と経費は不要となったが、何より大切な立国の士風を弛《ゆる》めた。この点で国家に甚大な損害をもたらしたのだ。列強諸国からの侵略があった場合に、そんな考えでどうするのか」

勝海舟

と諭吉は言う。「日本を植民地としない」を生涯のテーマとしていた諭吉にとって、勝のごとき打算はとうてい許せなかったのである。その上、幕閣だった勝は、「忠臣は二君に仕えず」という武士道に反し、新政府でも海軍卿、枢密院顧問官、伯爵と、地位や名誉をほしいままにしている。母お順の影響で、常に謙遜を心がけ、どんな人間に対しても威張らなかった諭吉は、

『氷川清話』をはじめ、やたらに自分の功績を大げさに宣伝する勝を嫌った。さらに、「榎本武揚は勝と違い箱館で力尽きるまで戦ったのはよかったが、新政府に入り逓信《ていしん》大臣、文部大臣、外務大臣、農商務大臣、子爵と大出世したから気に食わない。これでは、箱館五稜郭において榎本の命に従い戦死した者たちに合わせる顔がなかろう」と言う。実は諭吉はこれらを、「時事新報」に出る十年前、手紙に書き勝と榎本それぞれに送付している。刀を誰より早く売り払い武士を捨てた諭吉は、徹頭徹尾、武士道の人だったのである。

北里柴三郎に救いの手

明治二十五年、内務省衛生局長や東大医学部長を経験した長与専斎がひょっこり諭吉を訪ねて来た。長与は諭吉の適塾以来の親友である。適塾では諭吉の後を継いで塾頭になった秀才が、この日は思いつめた顔で口を開いた。

「ぜひ相談したいことがあるんですが。あの北里柴三郎のことで」

「ドイツで大きな研究成果を挙げた細菌学者の北里かい」

「そうです。ドイツで細菌学の世界的権威ロベルト・コッホに師事した彼は、破傷風菌の純粋培養や血清療法の確立によりその名声は今や世界に鳴り響いています。その北里にはケンブリッジ大学やアメリカの大学から教授就任の要請がありましたが、彼は『祖国のために尽くしたい』と断り、半年ほど前に帰国しました。ところが何と、母国の日本には研究する場がないのです」

「衛生局長の後藤新平は親切だし見識もある男だ、彼に頼んでみたらどうだ」

「後藤は北里に同情して伝染病研究所を作ろうとしたのですが、東大勢の反対で潰されてしまいました」

「何、東大が」

「実は北里の留学中、東大の緒方正規《まさのり》教授が脚気菌を発見したと発表したのですが、弟子の北里は実験手法の不備を指摘することで、それが間違いだと否定したのです。これに対し東大勢が一斉に忘恩行為だと非難し始めました。北里と同じ頃にドイツ留学した森鷗外も脚気細菌説を唱え、北里は師弟の情を忘れてしまった、と批判に加わりました。科学は正しいか誤りかで、人情は無関係のはずなのですが。北里が飛ぶ鳥を落とす勢いなので、森には嫉妬があったのかもしれません。東大勢の非難の底にも同じく嫉妬があったと思います。伝染病研究は日本では東大以外ではできないため、今や北里は実験一つできません。ヨーロッパに戻りたい、と言い出す始末です」

諭吉は北里に同情し、早速、彼と会ってみた。

「北里君、聞き覚えのある訛りだが、どこの出身かね」

「熊本県の小国《おぐに》です」

「ほう、私は大分県中津だから数十キロしか離れていない。同郷みたいなものだな」

口ひげを蓄え負けん気の強そうなずんぐりの北里が眼鏡の奥で微笑み、長身の諭吉も微笑んだ。北里の人柄、そして研究への強い情熱に触れ惚れ込んだ諭吉は、失意にある世界的学者を救おうと直《ただ》ちに動いた。私財を投じて芝にあった私有地に私立の伝染病研究所を作り、北里研究所長が研究に専念できるよう、経営陣まで用意した。そして自分が資金援助したことは口外しないように北里に言い含めた。この温かい援助に研究意欲を取り戻した北里は、翌々年、ペストが蔓延する香港に乗り込み、ペスト菌を発見するという大業績を上げた。なお、陸軍では健康管理の責任者が森鷗外だったこともあり、日清日露両戦役で戦死者より脚気死の方がはるかに多いという事態となった。明日の命も知れない兵士たちだからと、白米を食べさせていたからである。一方、海軍では英国で学んだ軍医高木兼寛（慈恵医大創始者）指導の下、カレーなどで洋食を食べていたから脚気患者が極めて少なかった。今では脚気がビタミンB_1欠乏から起こることを中学生でも知っている。この私立伝染病研究所は、その研究実績を認められ、明治三十二年に国立となった。

誤解もされやすい諭吉の真意

諭吉の著した著作や論説は人々に歓迎されたが、明治大正昭和を通じ多くの学者たちの批判にさらされた。諭吉の念頭にいつもあったのは、「日本人を一日でも早く目覚めさせ、日本を文明化し、外国に支配されない独立国にする」ことであり、著作はほぼすべてそのための叱咤激励だった。必然的に著書には勇み足や矛盾が多く、理路整然を貴ぶ学者たちのつけ入るスキだらけだった。その結果、「アジア蔑視」「軍国主義者」「西洋文明の模倣者」などと時期によってレッテル貼りもされた。どれも一理あるが、葦《よし》の髄《ずい》から天井を覗くようなものだった。

例えば諭吉の「脱亜論」である。これは明治十八年に「時事新報」の社説として書いた、たった二千字ほどの文章である。要約すると、「中国や朝鮮の近代化を待って、一緒にアジアを振興し、西洋による植民地化を免れようとしてきたが、もう待てない。悪友と仲良くしていると日本にまで悪い評判が立ってしまうから悪友を謝絶すべし」というものだ。

諭吉は本気で、中国、朝鮮を近代化しようと思い、朝鮮の近代化を目指す金玉均を支援してきたが、三ヵ月前のクーデター（甲申事変）は清国の妨害により失敗に帰した。この社説はその失望を背景に書かれたものだった。またこのころ日本で進行しつつあった儒教主義復活への不満感も加わり、旧文明のシンボルたる中国や朝鮮からの離脱を強硬に説いたのであった。前年に始まった清仏戦争で、清国はフランスに負けてベトナムを奪われつつあったから、「もう待てない」となったのである。

当然の論であったから、特に騒がれなかった。アジア蔑視として騒がれたのは、六十年余り経った戦後である。日本の戦前をことごとく否定したいGHQの気に入りそうなことを書き、職を得たり地位を得たいと思う学者やジャーナリストが多くいたのである。

また諭吉は、「日本を銭の国とすることが大切」などと、銭の貴重さを好んで口にしたため、功利主義者とか拝金教祖と評されたりした。これは、ことさら金銭を軽蔑する士族的風潮を頭に入れた上で、「独立自尊」を個人や国家が確保するには、経済が重要であることを主張するための言説であった。

諭吉の真意はしばしば汲み取り難《にく》いのである。私などは大学一年生の頃に『学問のすすめ』を読み始め、たったの二ページで本を放り出した。「文学のような実なき学問は二の次、まずは読み書き、手紙や帳簿の書き方、算盤の稽古や天秤の取扱い、それから地理、物理、歴史、経済、修身などの実学を学ぶべし」という趣旨の文があったからだ。私の好きな文学や数学はとうてい実学とは思えず、切り捨てられたと憤慨した。その後、二十年ほどして『福翁自伝』を読むと、これが抜群に面白かった。どうやら福沢諭吉は偉大な人らしいと見直した。そこで再び『学問のすすめ』に戻った。その真骨頂をたっぷり認識した。

諭吉の言う「文学のような実なき学問」とは、暇を獲得した階層、主に武士階級が読み味わっていた儒教の漢籍や詩文を意味していた。諭吉は生産や商売に忙しく携わる平民の立場に立ち、武士という有閑階級を攻撃したのである。また文明開化のためには、知識や教養の範囲を、理学、歴史、経済などにまで広げなくてはいけない、ということをも意味していたのである。諭吉の言う実学とは「実証できる学問」だったのだ。数学や物理学が彼の言う実学に入ることを確認し、また『西洋事情』や『文明論之概略』を通じて感じた「西洋文明崇拝者」「文明開化のチャンピオン」との印象が誤解であることにも気付かされた。

『学問のすすめ』十五編で諭吉はこう言っている。

「東西の人民、風俗を別にし情意を殊《こと》にし、数千百年の久しき、各々その国土に行われたる習慣は、仮令《たと》い利害の明らかなるものと雖ども、頓《とみ》にこれを彼に取りてこれに移すべからず、況《いわん》やその利害の未《いま》だ詳《つまび》らかならざるものにおいてをや。これを採用せんとするには千思万慮歳月を積み、漸《ようや》くその性質を明らかにして取捨を判断せざるべからず」

私は、十八世紀英国の思想家エドマンド・バークが『フランス革命の省察』の中でこんなことを言ったのを思い出した。

「制度、慣習、道徳、家族、などには祖先の叡智が巨大な山のごとく堆積している。人間の知力は遠くそれに及ばない。理性への過信は危うい」

諭吉とほとんど同じことを言っている。日本は諭吉の言葉を忘れ、武士道精神では「弱いものいじめ」に過ぎない帝国主義に浮かれ、伝統や慣習をひっくり返し、私有財産すら否定する共産主義の美しい論理にはからめとられなかったものの、冷戦後の米英主導による新自由主義に他国と同様からめとられた。その結果、世界中が勝者と敗者に二分され、無分別な競争社会により人間の絆がずたずたにされ、経済が人間の幸せより上位に立つ、という本末転倒の世界が現出した。今はポリコレ（ポリティカル・コレクトネス）なるキレイゴトに振り回されている。欧米発のあらゆる主義、あらゆる思潮には整然とした論理があるから人々は容易にだまされる。福沢諭吉やバークの叡智が必要なのである。

　福沢諭吉は思想家であっても新しい哲学を生み出した思想家ではない。思想の先導者であった。彼は長い封建制の下で惰眠を貪っていた日本人の目をさまし、外国による植民地化を免れるため、日本を文明開化に導いた水先案内人であった。文明開化が焦眉の急であることは誰の目にも明らかであったが、諭吉の真骨頂は、その目的のために、何より「心のありよう」を説いたことであった。

『学問のすすめ』などはまさにそんな本で、自由、独立自尊、道徳などを説いた。自由、平等、独立自尊は舶来のものだったが、道徳は武士道、すなわち惻隠、勇気、誠実、卑怯を憎む心、忍耐、羞恥心などである。慧眼《けいがん》であった。諭吉は武士制度を唾棄すべきものとしながら、武士道精神を生涯にわたり墨守した人であった。日本の歴史上最も困難な時代の先導者として、西洋文明の吸収の前に「心のありよう」を掲げた福沢諭吉を得たことは、実に幸運であった。

母に頭を下げた八畳間

令和五年十一月の暖かな日、小倉で新幹線から日豊本線に乗り換えた私は、昼過ぎに中津駅に降り立った。駅前広場に着物姿で腕を組む諭吉の銅像が立っていた。見上げた私は、空の広さに感銘を受けた。まず中津城に敬意を払おうと大通りを歩き始めたが、人影もまばらで食堂など商店はほとんど見えず、諭吉も食べたはずの江戸時代からの中津名菓、「外郎《ういろう》饅頭」も見当たらなかった。昼食はあきらめざるを得なかった。一キロ余り歩き、寺町を抜けると天守閣が見えた。信長、秀吉時代の知将であり、加藤清正や藤堂高虎と共に三大築城名手と称される黒田官兵衛の造った中津城である。英彦山《ひこさん》を源に、名所耶馬渓《やばけい》を通ってくる山国川に面していた。川幅は百メートルを超え防備はよい。英彦山は俳人杉田久女《ひさじょ》が名句、「谺《こだま》して山ほととぎすほしいまま」を詠んだ所で、私が十数年前に海抜千二百メートルほどの山頂にある神社まで登ろうとして途中で断念した山だ。

中津城から見て山国川の右手に広大な周防灘が輝いていた。ふと、兄三之助の急逝後、家督を継ぎ、この城の門番をさせられていた諭吉を思った。適塾で一年、我を忘れて蘭学に励み、日毎に新しく刺激的な事実に触れ、日毎に学問の地平が拓かれていく悦びを知った諭吉が、門番として登城のたびにこの美しい景色を眺め、どんな気持ちでいただろうか、と思いを馳せた。

城から川沿いの河岸段丘を下流に向かって少し歩き右に下ると、ある家の壁に「学問を勤めて物事をよく知る者は貴人となり富人となる」という諭吉の言葉が貼ってあった。町全体が諭吉の町らしい。五分くらい歩くと福沢諭吉旧居と福沢記念館が並んであった。記念館で『学問のすすめ』、『文明論之概略』、『西洋事情』など諭吉の主著の原本やそのコピーを見て回った後、館員の案内で旧居へ向かった。十代後半を過ごした家である。隣りには諭吉が二階に籠って漢学に励んだ土蔵があった。旧居をのぞくと、諭吉が作った吊り棚が天井からぶら下がっていた。ネズミからの被害を防ぐため、天井から二本の棒で板を吊り、そこに物を置いたのである。小さな庭に面して八畳間があった。ここで十四歳の諭吉は、八歳年上で優しかった兄三之助に、

「貴様もそろそろ勉強したらどうか」

と言われ、仕方なく漢塾に入った。職人として生きようとぼんやり考えていた諭吉の、学問への第一歩だった。ペリー来航に刺激され砲術に興味を抱いた十八歳の諭吉は、やはりこの八畳間で兄に、

「砲術を学ぶには蘭語の原書を読まねばならぬ」

と言われた。洋学者への第一歩だった。


兄の急逝後、福沢の家督を継いだ諭吉は、城の門番をしながらも、緒方塾で勉学に励んだ日のことばかりが頭に浮かんだ。悶々としていた諭吉は意を決し、母親に、

「この中津で一生、城の門番をしているのは嫌です。母上、どうか大阪で学問を続けさせてください。お願いします」

と懇願した。

「お前の気持ちは前から痛いほど分かっていました。お前がどこに骨を埋めることになるのか、いま考えても仕方がないことです。好きなようになさい」

「ありがとうございます」

諭吉が畳に額を付けて感謝したのも、この八畳間だった。日本の指導者への第一歩だった。

後年、諭吉は母お順の底知れぬ愛情を思っては幾度となく涙した。脳裏にあったのはこの時の、この八畳間での、親戚中の猛反対にもかかわらず、どん底から自分を救い出してくれた母親の凜とした姿ではなかったろうか。この小さな町の、この小さな茅葺《かやぶき》の家で育った一人の少年が、長く閉ざされていた日本を世界の大海原へと導く船頭となったのであった。

諭吉の人生を決めたこの八畳間を見ながら、彼は中津に育《はぐく》まれ、家族の愛に育まれた人だと思った。私はしばらく旧居前で佇《たたず》んでいた。小さな赤い実をたくさん付けた南天が、晩秋の夕陽を受けて諭吉が勉学に励んだ土蔵の黄色い壁に長い影を落としていた。

河原操子

日蒙を繋いだ女子教育の先駆者

女丈夫とか女傑という言葉は、明治の文明開化により生まれた概念である。そのような女丈夫や女傑は、明治時代はもちろんそれ以降にも多く見られるが、私がここで取り上げる女性はそのような女性ではない。この女性は文明開化すなわち西洋の論理の産んだ女性ではなく、日本の少女の伝統であった、もののあわれに裏打ちされた、控えめでやさしく、思いやりにあふれた女性であった。そのような古きよき伝統を芯とした日本女性が、ごく自然に振舞いつつ偉大な勇気、決意、大胆さを発揮し、世界に羽ばたいたのである。この女性の名前は河原操子《みさおこ》である。

河原操子は明治八年（一八七五年）、代々松本藩の藩儒として格式の高い家に生まれた。特に祖父の曾一右衛門は他藩にも学名が聞こえるほどの学者で、藩主戸田侯の信頼も厚く、家老の子弟たちも競ってその教えを乞うほどの人物だった。操子の父親、河原忠は家学に研鑽を積みながら、漢学塾を開き孔孟から漢詩までを教えていた。

英雄、故郷を訪れる

明治三十二年（一八九九年）の夏、陸軍大佐福島安正はお盆の墓参りのため、久し振りに故郷松本を訪れた。松本城が黒い勇姿を現すと、福島は思わず歩を止め「さすが、我が松本城だ。世界中のどの城にも負けない」と呟き深呼吸をした。深閑とした昼下がりの城の緑でアブラゼミがジリジリと鳴いていた。

この七年前、ベルリンの日本公使官附武官として四年の任期を終えた福島安正は、ベルリンから帰国する際、船を用いず、シベリアを単騎横断したことで、一躍世界的ヒーローとなった。明治二十五年二月十一日紀元節、たった一人でベルリンを馬で出発し、何頭もの馬を乗りつぶす苦行の末、ウラル山脈を越え零下四十度の厳寒のシベリアを突破し、ウラジオストックに明治二十六年六月十二日に到着したのである。一年四ヵ月にわたる一万四千キロの冒険行であった。というより冒険行に見せかけた偵察行であった。

「シベリア単騎行」で知られる福島安正

いつか日本の脅威となるロシアの地理や人々を視察すること、そして建設が始まったばかりのシベリア鉄道の位置や工事の進捗《しんちょく》を偵察するのが、主たる目的だったのである。この年、明治二十六年の十月に陸軍大将山県有朋が提出した「軍備意見書」にはこう記してある。「露国が侵略を以て対外の政策と為し、彼若《も》し隙あらば我直ちに之に乗ぜんとするの状あるは、今日各国政事家の共に視認して畏怖する所なり」。また「十年以内に完成するはずのシベリア鉄道こそは必ずや東洋の危機を招く」ともある。これらはすべて福島の報告に基づくもので、その後の軍首脳部の基本認識となった。

墓参りをすませた福島は、竹馬の友である河原忠を訪ねた。訪ねたというほどの距離もない、向かいの家から北に三軒目の家である。

福島と河原忠は同じ嘉永五年（一八五二年）生まれであり、幼少時代からの心友であった。福島は帰郷するたびに河原を訪ね語り明かすのが楽しみだった。河原は十年ほど前に夫人を心臓病で亡くしていたが、後妻をとることもなく、一人娘の操子と暮らしていた。

「おーい、チューいるかい」

福島が形のよい松を配した門を抜け、緑の植え込みのある玄関先から昔と同じように大声で叫んだ。しばらくして玄関の引き戸が開き、中から濃紺地に白と桃色のキキョウが描かれた浴衣を着た色白妙齢の女性が姿を現した。

「まあ、お久しぶり、福島のおじさんではないですか」

「おお、操子ちゃんじゃあ」

何年も使っていない信州弁が自然に口をついて出てきたことに驚きつつ、福島はすっかり成長して美しくなった操子に目を見張った。オカッパ頭のこけしのように愛くるしい幼い操子は「福島のおじさん」と人なつこくまつわりつき、格式の高い武家から河原家に入った母親にたしなめられていたものだった。操子が余りに可愛くやさしいうえ、聡明だったので、福島は自分の娘に操子と名づけたくらいだった。藍色の坐ぶとんを出すと奥へ小走りに消えた操子が、すぐにまた小走りで戻ってきた。

「父は直《じき》に参ると申しております」

「急がなんでいいわ。ところで操子ちゃんが全国で三十名という最難関を突破して東京女子高等師範に合格したっちゅうは聞いちゃいたが、今は何しているだい」

「はい、東京湯島の女高師に入学し、一年半ほどニコライ堂の鐘の音を耳にしながら一心不乱に勉学に励んでおりました。ところが無理がたたったのでしょうか、体調を崩し、校医に肋膜炎と診断され、療養を勧められました。温暖な房州千倉での半年の療養で顔色もよくなりましたので学校に戻りましたが、校医は首を縦にふりませんでした。先生や級友は、『優秀なあなたなら無理しなくてももう少しで卒業できるのだから』などと言って下さりましたが、医師と父が健康第一ということで一致し、涙ながらに退学を決意し松本に戻りました」

当時の辛い気持ちを思い出したのか、いつもは気丈な操子の頬を一筋の涙がつたった。

「故郷の水と空気ですっかり元気になり、今は長野高女（今の長野西高）で教えております」

河原忠がやってきた。積もる話をしばらくしていると、操子が麦茶や緑茶でなく、梅酒を冷たい井戸水で割って持って来た。福島の甘いもの好きを覚えていたのだった。

「陸軍きっての支那通であるヤスから今日の支那の話を聞けるっちゅうは、田舎者としりゃあ何よりの楽しみだ。なにしろオラのやってるこんは千年二千年めえの支那だで」

「ほんなことはねえ。チューの大所高所からの支那観は、ともすりゃあ戦術戦略にのめりこんじまうおらあの迷妄を正してくれる貴重なもんだぞ」

「ここじゃあ信毎（信濃毎日新聞）を読むくれえしか情報も入らねえが、最近の欧米の東洋での狂奔はいってえ何だい」

福島はすぐに答えず、子供の頃からあった庭の古い猿すべりの薄桃色の花を眺めていた。梅酒を飲みほしてから口を開いた。

「去年は恐ろしかったぞ。ドイツが山東半島南部の膠州湾を九十九年間租借、その三週間後にはロシアが、何と日清戦争後の三国干渉で日本から清国に返還させた遼東半島を租借《そしやく》したうえ、旅順を軍港にしちまった。さらにハルビンから旅順までの鉄道敷設権まで支那から手に入れた。イギリスだって黙っちゃいねえ、その三ヵ月後には露独への対抗上、旅順対岸の威海衛を租借、南の九竜半島まで租借し香港植民地を拡大したわ。フランスは広東省の広州湾を占領したが、これを同じく九十九年間租借するつもりさ。これらすべてが数ヵ月の間に起きただでな。日清戦争を見てヨーロッパ列強は、支那が『眠れる獅子』でなく『眠れる豚』であることに気付いちまっただ」

河原忠は儒学や漢詩を生んだ支那の先賢を限りなく敬愛していたから、福島の「豚」というどぎつい表現に軽く傷つきながら、キセルに刻みタバコを詰めた。庭で手桶の水を打つ操子の姿が、夏の陽にまぶしかった。

「ヤスも同じ考えと思うが、恥知らずなヨーロッパの帝国主義に対し、支那と日本は助け合わねえといけねえ。共に手を組んで戦わなきゃあな。ほれだに日清戦争以来、わが国じゃあ子供までが支那人をチャンコロなん言って馬鹿にしている。情けねえ」

列強による植民地化を防ぐため支那と日本が助け合うべき、という河原忠の思想は、子供の頃から操子が繰り返し聞かされていたものだった。十年ほど前に妻を亡くしてから、幾多の再婚話がありながらすべて断り、学問に励みつつ懸命に自分を育ててくれた父親の思想は、操子の骨の髄までしみ通っていた。

下田歌子との対面

翌年の夏、絣《かすり》の着物に紺の袴の紐を胸の下で締めた操子は、期待と不安で潰されそうになりながら上諏訪の町を、町で随一の温泉旅館「牡丹屋」に向かい歩いていた。町の至る所から湧き出している温泉の匂いをかぎながら甲州街道を高島城の方に曲がると、すぐ左にその温泉旅館はあった。玄関の前には警備の制服が、疑うようにこちらを見ていた。胸の鼓動が急に高鳴った。

明治から大正にかけて活躍した教育界の第一人者であり、歌人でもある下田歌子に会うため、操子は思いを決してここまで来たのであった。岐阜岩村藩士の家に生まれた歌子は五歳の頃から俳句、和歌、漢詩を詠むという神童だった。十八歳の時に女官に抜擢され宮中へ出仕するが、抜群の和歌の才能は皇后美子《はるこ》にすぐに認められ、寵愛され、「お前は歳は若いが、歌はたいそう上手です、以後、歌子と名乗るがよい」と名前まで賜った。

生まれつきの美貌と相まって、伊藤博文、大隈重信など政府高官たちとも親しかった。明治二十年あたりまでの政府高官のほとんどは無学無教養な勤王の志士あがりで、その妻たちの多くは芸妓や酌婦の出であった。歌子は宮中出仕を辞した後も、自宅で塾を開き、そういった夫人達に和歌や古典を教えていたから、高官たちとの親交も広く深かった。教えることに目覚めた歌子は、華族女学校（学習院女子大の前身）の教授を務めるかたわら、中流家庭の子女のため実践女学校を創設するなど、当時、その精力的な活動は飛ぶ鳥を落とす勢いであった。

この大物が講演で信州入りという報道を、夏休みで松本に戻っていた操子は信濃毎日新聞で知った。父親の思想を受け継ぎ、かねてから支那人の女子教育を通じて日支の懸け橋となりたい、と考えていた操子は、この機会にこそと奮い立った。下田歌子が支那の女子教育の普及を図る会の顧問をしているとの報道もあり、いても立ってもいられず、「下田先生に直接お会いし、自らの志を聞いていただきたい」と強く思ったのである。

父親は双手《もろて》を挙げて賛成した。すぐに元長野師範学校長で操子に女高師受験を勧めてくれた恩師、現在は華族女学校教授の浅岡一先生、そして現在の奉職校である長野高女校長の渡辺敏先生に紹介状を依頼した。名高い信濃教育の基礎を築いたこの二人は実は兄弟で、ともに教育界の大物として下田女史の知遇を得ていた。

意を決して広い石畳の玄関に入った操子は、番頭に来訪の目的を告げると、代わって役人風の紳士が現れた。操子の差し出した二通の紹介状を、

「ほう、浅岡先生と渡辺先生のですね」

と丁重に両手で受け取った。二人を尊敬する県の学務課長だった。しばらく待たされてから操子は貴賓室に通された。間もなく、鳥の羽根のついた帽子をかぶった英国貴婦人のような歌子が現れた。操子は気圧《けお》されながらも、支那に渡って支那の子供達の教育にあたりたい、と年来の抱負を熱く語った。歌子は操子の家庭環境、特に父親の思想やこれまでに受けてきた教育などについて詳しく尋ねた。

旧盆過ぎに夏休みが終わり、畑一面にソバの白い花が広がった頃、渡辺校長が操子

を校長室へ呼んだ。校長は笑顔で操子に校長宛の一通の電報を示した。

「カワハラミサヲコヲ　シキュウ　ジョウキョウ　セシメラレタシ　シモダウタコ」

華僑の子弟の学校で初の女性教師に

取り急ぎ向かった東京の下田邸で二人は再会した。歌子は、

「横浜には二千人を超す華僑がいて、その子弟たちのために大同学校という学校があります。ここの名誉校長をされている犬養毅先生が、適切な日本人女教師がいなくて困っているとおっしゃるのです。私はすぐにあなたのことが閃きました。日本婦人が支那人の学校で教えるのは初めてのことで、日支友好の試金石ともなります。ぜひあなたを推薦したいのですが」

上諏訪での短い面会で歌子は、操子の思想、誠実、気品、知性、強固な意志などを見抜き、感銘を受けていたのである。

操子はうれしさと光栄に包まれ上気した顔で、

「有難くお受けし一生懸命励みます」
と答えた。

直ちに帰郷し、父に朗報を伝え、校務、身辺の整理をし、横浜の大同学校に赴任したのは翌月、明治三十三年の九月末だった。操子はここで、親切かと思うと油断がならなかったりする支那人に驚きながらも、生徒一人一人に真心をもって温かく接した。たちまち生徒達から絶大な信頼を得ることとなった。勤勉な操子は、本当に支那人を知り教育するには言葉が大切と、放課後は教頭に北京語を習い、夜は横浜紅蘭女学校（今の横浜雙葉中学高等学校）の外国人教師にフランス語を習った。

上海の女生徒にも慕われ

二年近く大同学校で教え、北京語も話せるようになった頃、操子は下田歌子から自宅に招かれた。歌子は操子の大同学校での成果を賞讃してから切り出した。

「清国には西洋人の経営するミッション系の女学校がいくつかあるのですが、清国人による初めての女学校を上海に作ろうとしています。そこで日本語などを教えてくれる日本婦人を選んでいただきたい、との手紙を旧知の清国教育者からもらったのです」

日清戦争後、支那では「先進国日本に学べ」の気運が盛り上がり、のちの日露戦争後にはそれがアジア全体に広がった。魯迅、周恩来など日本へ留学する人々も激増したのであった。

操子は日本の教育を支那に導入してほしいと依頼されたのである。「いろいろ考えましたが、あなた以外の適任者はとうてい思い浮かびません。学問があり、支那人教育に対する情熱と技倆《ぎりよう》は実証ずみです。若くて美貌であることは多少不安ですが、あなたには誘惑に負けないだけの強い意志があります。何よりご父祖様からの深い憂国の情、そして支那への敬愛が土台にありますから、あなたこそ最適任と考えたのです」

「私のような未熟者で大任が務まるか覚束ないようにも思われますが、年来の願いでございますからお受け致したいと存じます」

承諾を求められた父親の河原忠は、一人娘を異国に手放す不安より、父娘の夢を叶える時がついにやってきた喜びに満たされ、操子を力強く励ました。

操子は大同学校の同僚や生徒に見送られ、明治三十五年八月、横浜埠頭から上海に向かった。


創立されたばかりの務本女学堂《ウーペン》には、教師陣として操子と八名の支那人男性、それに舎監の女性がいた。ほぼ全寮制で四十五名の生徒の年齢は様々、八歳の児童から三十歳を越す母親までがいた。ほとんどは上流家庭の者だったが、学力はまちまちで漢字の読み書きをかなりできる者からほとんど文字が読めない者までがいた。操子は彼等に日本語、算数、図画、唱歌などを教えた。困ったのは横浜で磨いた北京語が全く通じないことだった。しかし操子は持前の熱心さで間もなく上海語まで話せるようになった。怠惰で時間にだらしない支那人に、日本式の規律を導入し全身全霊で教えたから、すぐに生徒達に慕われるようになった。操子の後《おく》れ毛が頬にかかっているのを見るとすぐに何人かが真似をする、という具合だった。

操子の規律正しい指導で生徒の学力も飛躍的に伸び、日本語に熟達したばかりか、下着類の洗濯を頻繁にするようになり、食事中に手鼻をかんだり痰を吐くといったこともしなくなった。市井の支那人と全く違いこざっぱりとした女学堂生徒を見て、父兄や外国人たちは驚いた。女学堂の評判は上がり、半年後には生徒数が百名を超えるほどになった。

最も困ったのは、女学堂が四方を城壁で囲まれた旧市街にあったことである。さすがの操子もこう書き留めている。

「道路に石畳を敷き詰めしは善けれど、其幅狭くして九尺に足らず、加ふるに辻々よりは汚水流れ出し……又所々に汚物の堆《うずたか》きまでに積みなせるに、其上に黒蠅の群がり居て……悪臭鼻を衝《つ》き、異臭胸に迫る。異臭悪臭尚忍ばんも、半死の病者が路傍に打《う》ち仆《たお》れて、苦悶するを見ては、心弱き者はとても歩を転じ得ざるべし」

この城内に居住した外国人は過去にほとんどいなかった。小ぎれいな日本租界に住む日本人達が異口同音に、「あんな豚のような生活をするくらいなら死んだほうがましだ」と言う地域だった。操子は、生徒達が城内に居住している以上、彼等と心を通わせるためには自分もそこに住む、と決断したのであった。

ただ城内には風呂がないので、上海到着以来、親切にしてくれている小田切万寿之助《ますのすけ》総領事夫妻の言葉に甘え、毎土曜日に米国租界にある総領事宅で風呂をもらい、小さな子供達と遊び、柔らかな床に身を休めたのであった。

カラチン王国へのミッション

一年ほど務本女学堂で教えた操子は明治三十六年（一九〇三年）夏、小田切総領事宅での夕食後、珍しく総領事に応接間に招ばれた。外務省きっての中国通の小田切は、改まって見る操子の賢く涼しそうな目元とおちょぼ口、透き通るように白い肌と結い上げた黒髪など、匂い立つような美しさに軽くたじろいだ。いつもは家族ぐるみだったから、二人きりは初めてのような気がした。

「実は北京の内田康哉《こうさい》公使が、君の仕事ぶりや健康状態、人柄についてしきりに聞いてきました。内蒙古のカラチン王国で初めての女学院を作るそうで、その指導者として君にぜひ行って欲しいということらしい」

「えっ、内蒙古っ」

不意をつかれた操子は頭がくらっとした。操子にとって蒙古といえば、文明と隔絶された魑魅魍魎《ちみもうりよう》の地。そこへ女一人で。そう考えるとさすがの操子も気が遠くなりそうだった。

「上海に来て一年、務本女学堂が支那で初めての女学校としてようやく軌道に乗ったところです。仲良くなった可愛らしい生徒達とここで別れなければいけないのでしょうか。私以外にもっと適任の方はいらっしゃらないのでしょうか」

「実は、極秘だが、これは、君もよく知る福島安正少将から来ている話なのです」

「えっ」

幼い頃から知っている福島少将の名が飛び出し、仰天して目を白黒させている操子に総領事が穏やかに話し始めた。

「君も知っている通り、三年前に起きた義和団の乱の翌年、清国と日英仏米露独など十一ヵ国の間に北京議定書が結ばれました。これにより、鎮圧に出向いた列強の軍隊は、北京といくつかの租界に一定数を残すのみですべて引揚げることとなった。ところがロシアだけは義和団の乱に乗じて占領した満州から兵を撤収しない。それどころか朝鮮との国境に兵を増強し南下をうかがうという有様だ。ロシアの限りない侵略本能を考えると、朝鮮の次は必ず対馬そして北海道となる。近い将来のロシアとの戦争は避けがたい、という状況にあることは君も御承知と思いますが」

「ハイ。当地の新聞や父からの便りである程度は。ただ、どうして今、内蒙古に」

「そこなのです。蒙古は百余りもの王国に分かれていますが、現在、そのほとんどでロシアの勢力が支配的です。王様達が片端から賄賂により籠絡《ろうらく》されているのです。ただ、日露戦争が始まれば、この地は日本にとってたいへん重要な地となります。ここから、満州に展開するロシア軍を馬賊などを用いて横腹から牽制《けんせい》することも可能となります。そして」

小田切総領事は一段と声を潜めると顔を操子の方に寄せた。

「ロシアの満州への兵員、武器、食料の補給は今のところシベリア鉄道を用いるしかありません。カラチン王国は北京の北東に位置し、内蒙古を南北に貫く熱河《ねっか》大道の要衝にあります。さらにシベリア鉄道の北満州部分（東清鉄道）の通るハイラルやチチハルへの途上です。実は、日露が開戦した場合これら鉄道を爆破して補給線を断つ計画があり、その成否が戦争の帰趨《きすう》を決めるとさえ思われているのです」

操子は、そんな重要な地点への派遣に不安で潰されそうになった。と同時に、自分の考える以上に重要な役目を担うであろうことを直感し、身ぶるいした。

実際、福島安正は十年前のシベリア単騎横断の頃から、来たるべきロシアとの戦争で、はるかに優勢なロシア軍をいかにして攻略するかばかり考えていたのである。単なる線路爆破では一日もたたずに復旧してしまうから、鉄橋やトンネルの爆破が必須と結論した福島は、参謀本部の情報部長として、数年前から幾多の諜報員を支那人人夫として鉄道の鉄橋工事などに送りこんでいた。鉄橋の位置、長さ、橋脚部への接近の難易、鉄道守備隊の位置や兵力などを調べ報告させていた。

福島がカラチンに目をつけたのは、地理的な理由だけではない。清朝皇族の中で最も親日的な粛親王は、義和団の乱で紫禁城の宝物を守るのに尽くし今は北京警務学堂

（警察学校）の校長をしている川島浪速《なにわ》と義兄弟の契りを結ぶほどの仲であるが、その粛親王の妹がカラチン王妃となっていたからである。福島にとって川島浪速は同じ松本藩の後輩で、どんなことでも気軽に頼める間柄であった。

操子と小田切総領事が密談を交わす三ヵ月ほど前、明治三十六年の春、福島は秘策を胸に、川島浪速を通しカラチン王を大阪で開かれた内国勧業博覧会へ極秘に招いていた。来日した王は、日本の進んだ文化、産業、教育などに腰を抜かすほどの感銘を受けた。福島は王に言った。

「国の礎は政治でも経済でも軍備でもなく教育に尽きます。日本が鎖国を解いて四十数年でここまで発展したのは、まさに教育のおかげなのです」

「カラチンの子供達は、日本人のように学校には通いません。学校を建てる財力もありません」

「学校がなくとも母親がしっかりしていれば、家庭で子供の教育はできます。まず女子教育を始めることです。その手始めとして、女子教育の核となる小規模な女学校を王府に作ることがよろしいのではないでしょうか。そこを巣立った人々が各集落での女子教育のリーダーとなるのです。それなら我が国もいろいろ協力できそうです」

英明で鳴るカラチン王は教育の大切さを深く納得し、帰国するや、女学校の開校と、そのために日本女性を指導者として招請する、と正式に決定した。

福島の思惑通りだった。カラチン王国でさえ、王家を除きほとんどの高官はロシアの賄賂で親露になびいていた。福島は、誠実で優秀で魅力的な日本人女性を送りこみ、そこを親日の芽にしようと目論んでいたのである。ついでに諜報員の役割もしてもらおうとも考えていた。男性でなく女性教師としたのは、女性の教育には女性の方がよいと考えただけでなく、諜報活動には女性の方が疑われにくいこと、また王妃と親しく接し影響を及ぼすことで、間接的に王を親日に動かそうとの意図もあった。支那の家庭では女性の力が強いからだ。

これら様々の重責を担うには、相当の学識や教育経験に加え、王妃の信用を得るだけの人間的魅力や才気も必要である。敵地にも等しい蒙古の奥地に単身で乗り込む勇気も求められる。これだけの条件を充分に具備している女性は、福島には操子以外に到底思い浮かばなかった。というより、最初から操子を軸に練った構想であった。福島は念の為、最近の操子の状況を小田切に相談した後、父親の河原忠の許可を得、ついで北京の内田公使と青木宣純《のりずみ》大佐に操子について話した。二人は、

「護国の神様が用意しておいてくれたような人がいるもんですなあ」

と双手を挙げて賛意を示した。最後に川島浪速を通し粛親王の賛同までを得た。小田切総領事が操子に依頼した時には、すでにすべてが整えられていたのである。

武士の娘として

すべてを聞かされた操子は答えた。

「そこまで私に期待がかけられているのでしたら是非もありません。了解いたしました。微力ながらお国に尽くす千載一遇の機会と存じ、お引き受けいたします」

こう答えながら操子は、国の存亡をかけた日露戦争の迫りくる中で、激変する世界の巨大な波に翻弄されつつある自らを強く感じた。父の、

「一朝ことあらば一身の安危など物の数ならず」

という励ましを思い起こすと、報国の志がふつふつと湧いてくるのだった。屈辱の三国干渉から日露戦争にかけての十年は、わが国の歴史上、異常な時期であった。臥《が》薪嘗胆《しんしょうたん》を合言葉に、日本の津々浦々の老若男女の胸に尽忠報国の精神が燃え上がり、熱湯がほとばしるように国を覆っていたのである。無論、操子も例外ではなかった。

「どこに行こうと、いざとなれば父からもらった先祖伝来の懐剣がある」

そう思い操子は胸にそっと手を当てた。明治の女であると同時に、武士の娘でもあった。


操子が北京に入ったのは、明治三十六年の十一月末だった。二週間ほど公使館に宿泊し、軍人や外交官達と詳細な打合わせを行なった。蒙古での調査事項と調査方法、北京公使館への情報の伝達方法、暗号などが主だった。操子の暗号名は「沈《シエン》」であった。

操子が最も緊張したのは、青木陸軍大佐を中心とした特別任務班の件だった。シベリア鉄道の満州北部を通る部分、東清鉄道を爆破するための決死隊である。カラチン王国はこのための重要な中継点であり、操子も決死隊のための役目をいくつか負わされたのである。

操子のように美貌の若い女性が公使館に出入りするのは人目につきやすい。内田公使夫妻は外国人などから「あの人はどんな方ですか」とよく尋ねられたが、「親戚の者で北京見物に来ました」などと言っていた。北京にはロシアの諜報員が目を光らせているから気をつかうのだ。無論、カラチン王家の教育顧問となることも内密とされていた。ましてや諜報活動については公使館でも二、三の首脳部にしか知らされていなかった。

カラチンについて、内田公使夫妻に尋ねても青木大佐に尋ねても、何も知らないのか、壁に耳ありと警戒しているのか、「北京の東北九日」と答えるだけだった。出発が迫るにつれ、行路での宿は天幕なのか、馬賊に襲われる危険は、などとさすがの操子も少しずつ不安になってきた。こんな時に父親から励ましの手紙が届いた。

「かかる折に剣持つわざ知らぬ身の故国の為に働くべきところ得しこそ、上なき幸なれ」

操子は文字通り虎狼の吠える荒野へ出立する覚悟を新たにした。ただ、うら若い女性としてすべての懊悩がふっ切れた訳ではなく、こんな手記を眠れぬ夜の床で綴った。

「思へば嬉しき身や、またおもしろき運命や、果敢《はか》なき世の浪にもてあそばれて、繊弱《かよわ》き女の身にて、なつかしき父母を離れ、友と別れ、幾重の波路を越え凌ぎて、斯《か》かる果まで漂ひよれるさへあるに、今また八重の白雲推しわけて、人知らぬ沙漠の果にさすらはんとす。……女々しき事に歎《なげ》きて、人に見られん事のいと恥かしと、つとめて心猛《たけ》く振舞ふものから、流石に幾層の雲を隔てたる東の空を望み、又幾重の天と聯《つらな》りたる西のあなたをながめて、思はず袖ぬらす事も多かり。故郷の父や如何にと思ひては、雁が音に我が思ふ今の心を報《し》らせ奉《たてまつ》らんかと思ふ事も切なれども、さることしては昔気質の父君の、さばかり女々しき女には育てざりしをとなか〳〵にうち腹立ち給はむ事の、目のあたり見るらん心地のせられて、せき来る涙を袖にかくして、書きたき文も書かで止みぬるこそ、いと堪《た》え難《がた》かりしか」

操子は昔ながらの、日本のどこにでもいる繊細で心やさしい女性であった。

ラバの運ぶカゴに乗って

明治三十六年十二月十三日の早朝、観光に出るかのような格好をした操子は、内田公使夫妻にはさまれて馬車で城門を出た。ひたすら走った後、北京郊外のとある家に寄ると、かねて用意してあった蒙古貴婦人の服装に改め、カラチン王家差し回しのカゴに乗りかえた。ロシアのスパイに気づかれないためであった。

蒙古カゴは日本のものと違い、人間の代りに一頭ずつのラバが前後にいて、それらラバの背の左右に結びつけられた二本の長い棒の上にカゴが結び付けられている。従って乗る人間の坐る床はラバの背とほぼ同じ高さになる。ラバは馬とロバの混血だが、馬ほど物に驚かず、ロバよりは健脚のうえ飢えや寒さによく耐えるから、蒙古カゴはすべてラバなのである。

操子のカゴをはさむように、前に警護の蒙古兵三名、後に同じく日本兵二名の乗る馬車が従った。カゴが遠く荒野に消えて行くのを見送りながら内田公使は、

「山を越え、砂漠を越え、吹雪をくぐり、恐ろしい黄塵《こうじん》をくぐり、極寒の蒙古へ、生還も期せぬままたった一人で、まだ二十代の娘が乗り込んで行く」

と切れ切れにつぶやくと、操子の健気さに思わず涙した。夫人も、

「無事に帰れますように、とばかりお祈りしていました」

と夫に言って頬の涙をぬぐった。生きて帰れると思っていた関係者はほとんどいなかったのである。

万里の長城を古北口《こほくこう》で越えると、一日ほどは北京郊外と似た光景だったが、山地に入ってからは極寒に凍えながらの旅で、信州育ちで零下二十度くらいまでの寒さには慣れていた操子が、「生きながら氷とやならんと思われ」と記すほどだった。

宿はどこも粗末で暗く、蜘蛛の巣が天井から壁に垂れ下がる不気味な部屋だった。夕食には給仕がいつ洗ったかと思われるような食器に、羊の臓物などを入れて運んで来たが、とても食べる気にはなれず、持参のカン詰めで腹を満たした。

王宮の芝居小屋を校舎に

北京からカラチンへの中間点に戦略地点の熱河（今の承徳）があった。カラチンから北京へ至急電を打つには、四日間をかけて使いの者に手紙を電信局のあるここまで運ばせ、ここにいる諜報員が電信局から発信する手筈となっていた。操子は「何か身の危険が切迫した時、至急便で北京に知らせても援軍到着までに少なくとも十日はかかるから、救助は期待できない」と覚悟した。

清朝の歴代皇帝は夏季、ここに造営された周囲十キロの城壁に囲まれた美しい避暑山荘で政務をとったから、熱河は副都のようなものであった。操子はこの名高い山荘を見物したが、実はその間に、同行の二名の日本兵に電信局の位置やそこでの打電について調べさせていた。すでに諜報員としての自覚に燃えていたのである。

熱河を過ぎると緑が消え禿山に次ぐ禿山となる。カゴを運ぶラバの首も見えぬほど

カラチン王、同妃と河原操子
（『カラチン王妃と私』より）

の黄塵にあおられながら、北京を出てちょうど丸九日間かかり、明治三十六年十二月二十一日にカラチン王府に到着した。蒙古人五万、支那人四十万からなる王国であり、蒙古にしては果物の育つ地味の豊かな土地柄であった。王国内の学校は、三年前にできた男子小学校一つだけだった。

操子に会った王妃はすぐに気に入り、日本から来た王家の教育顧問として特別待遇した。五重の衛門をくぐった王宮の奥深く、王妃のすぐそばの部屋を与えられ専属の侍女も次の間につけられた。一歩室外に出る時は常に侍女が随行した。

到着の翌朝、使命感に燃える操子は長旅の疲れも見せず早くも女学堂創設に動き始めた。朝食後に王妃に尋ねた。

「開校予定はいつ頃でしょうか」

「一ヵ月ほどたった旧暦正月から、と考えていますが早過ぎますか」

風雲急を告げる中、一ヵ月も後では何が起きるか分からないと思った操子は、

「新しい女学堂作りは経験がございます。善は急げと日本では申します。一週間もあれば学校の準備はできましょう」

王妃はこれに賛同し、直ちに六日後の開校を布告した。王妃が、まだほとんど人柄も分からない操子の、どう見ても性急過ぎる提案を受け入れたのは、日本という国家を背負った気持ちでいた操子の、真摯な熱情に動かされたからであった。

操子は早速、学則の作成と教室の準備にとりかかり、机や椅子の製作までを大工たちに指示した。横浜や上海での経験が大いに役立った。王宮内の芝居小屋に手を加え校舎とした。生徒はとりあえず、王宮の侍女および王宮付近に住む官僚の子女、二十四名だった。

当初の評判は予想だにしないものだった。

「王は百名の女児を集めて日本へ送るそうだ」

「日本人が子供達を食べるのだそうだ」

「いやそうではない。殺して石鹼の材料にするそうだ」

「いや、眼をえぐり取って写真機というものに使うそうだ」

操子は日本語、算術、文部省唱歌や毛糸編みまでを、すでに流暢となった北京語で教えた。操子の愛情のこもった熱心な指導により、生徒達はそれまでしたことのない勉強に夢中で取り組むようになった。

一ヵ月もしないうちに、「女学堂に行けば種々よい事を覚えられる」とのうわさが王府の外にまで広まり、生徒数は、七歳から二十三歳まで、合わせて六十名にまでふくらんだ。これには王や王妃も大喜びだった。授業料と給食は無料、学用品も供与された。生徒たちが最も好んだのは編み物で、最も不得意だったのは算術だった。語学の才能があり、短時日の間に日本語を操れるようになった。

女学堂の好評判はさらに広がり、学校紹介のために操子が計画した王宮での折々の園遊会には三百人も集まるという盛況だった。ここで編物や習字など生徒が制作したものを陳列したり、日蒙両国語で唱歌を歌ったり、福引を楽しんだりした。操子が修養の大切さについて話したりもした。

遠い日本から女一人でやって来た教師など鬼女のように意地悪で冷酷な人、と想像していた人々は実際の操子に会い、美しく慈愛と親切に溢れた人であることを知り好意を抱いた。それればかりか、人々の王や王妃に対する親愛の情までが大いに増し、操子は王夫妻にいたく感謝された。生徒達は操子に「先生、家でとれたぶどうとリンゴを持って来ました」などとたどたどしい日本語で言いながら差し出したりもした。一方で三十五歳の王と三十一歳の王妃には毎夕食後の二時間、日本語と算数を教授した。

ついに「日露開戦ス」

女学堂が順調に滑り出して一ヵ月余りたったある午後、操子に北京から至急報が届いた。「明治三十七年二月八日、日露開戦ス」の報だった。

義和団の乱の後、清国と列強十一ヵ国間で結ばれた北京議定書（一九〇一年）で決まった満州からの撤兵を、ロシアは二年近くたっても履行していなかった。ロシアは「飽くなき領土欲」なる特異遺伝子を持つ国である。

一五八〇年までウラル山脈より東にロシア領は一坪もなかった。ところがそれ以後百年あまりのうちにウラル山脈どころか、全シベリアを手中にし、カムチャッカにまで達してしまった。それより先は海ということで今度は方向を南に転じ、樺太、千島をとり、満州にまで進出。一六八九年には清国と「外興安嶺《こうあんれい》より北はロシア、南は清国」とのネルチンスク条約を結んだが、これを踏みにじり南下。一八五八年には「アムール川より北はロシア、沿海州は共同管理」と境界を大きく南に動かした。ところが何とその二年後には弱った清国を脅し、北京条約を結び沿海州を自領とし、要衝ハバロフスクや日本海への出口ウラジオストックを手中に収めた。そして一九〇〇年にはついにアムール川を越え、全満州を占領した。

こんなロシアとの交渉にあたった小村寿太郎外相は、身長一五〇センチ余りの痩身短軀でありながら、持前の胆力でロシアの大男達に、ロシア軍の満州即時撤兵を強く要求したのだが、ロシアは馬耳東風だった。明治三十六年夏、あからさまな国際法無視に呆れ果てた我が国は、「ロシアの満州支配は認めるから日本の朝鮮支配も認めてくれ」という譲歩案、すなわち満韓交換をロシアに提案した。朝鮮にまで南下されたら日本は直ちに危機に瀕するからである。

ロシアもロシアだが、日本も日本で、朝鮮の主権など眼中にない手前勝手な提案だった。日清戦争により、長年宗主国だった清国から解放し独立させてやった朝鮮だから、何をしてもよいという不遜《ふそん》な考えだった。

ロシアの回答は、「満州は日本と無関係だから口を出すな」というすげないものだった。弱小国に対するロシア外交の基本は恫喝である。圧倒的な兵力で脅せば極東のちっぽけな日本など尻尾をまいて屈服する、と皇帝ニコライ二世など首脳部は踏んでいた。

年の瀬も迫った十二月二十八日、座して死すよりは、と桂太郎内閣は陸海軍部隊に戦争準備の緊急勅令を公布し、次いで翌年二月四日の御前会議でロシアとの交渉打切りと開戦を決定した。ニコライ二世をはじめとするロシア側は、「黄色い小ザルが大国ロシアに戦争を仕掛けることなどありえない」と信じていた。

戦争は二月八日、佐世保を出た連合艦隊による旅順港奇襲で始まった。世界中が、日本陸軍の二十倍の兵力という世界一の陸軍国ロシアの圧勝を信じた。日本は国の存亡をかけてそんな戦争に踏み出したのであった。

特別任務班から届いた手紙

カラチンの女学堂に全ての精力を注入していた操子にとって、祖国の激動は洩れ聞くだけだった。ただ日露戦争が切迫していることは、上海にいた頃から耳にしていたから、

「ついに来るべきものが来た。でもあんな大国と戦って一体どうなるのだろう」

と、どうしようもない不安に襲われた。

その数日後だった。「シベリア鉄道爆破の命をおびた特別任務班の第一班が二月二十一日に北京を出発」、との「沈」あての至急報が届いた。二月二十八日の日記に操子はこう書いた。

「空は晴れたれど、風ありて寒さは堪え難かりき。例の事どもを終り、窓に倚《よ》りて暮近き空を眺むるに、興安のあたり灰色の雲低う動きて、夜のとばりは今そのところより引かれんとす。鴉《からす》は声も立てずに飛び去って、枯枝吹く風肌寒し」

ここまで書いた時、操子の部屋に召使いがあわただしく入って来た。紙に包んだ何かと一通の封書を操子に差し出すと、こう言った。

「先程、支那人が多数入府致しましたが、そのうちの若い一人がこれを先生に差し上げてくれと申しました」

支那人に化けた特別任務班の第一班十二名が到着したのだった。日露戦争が始まり三週間がたっていた。到着の報にざっと目を通した操子は「あっ」と叫んだ。

操子が北京を出た後、福島安正情報部長からの詳細にわたる指示を受けた青木宣純大佐は、総勢七十一名の特別任務班を結成した。蒙古側からロシア軍の背後に回り破壊工作をする決死隊である。現役軍人はたったの十八名で、主力は志願した民間の志士たちだった。

主たる任務はシベリア鉄道爆破と武器弾薬倉庫の爆破である。どの地点を破壊するかにより、特別任務班は五班に分けられた。人選は北京が長い川島浪速などが極秘裡に進めた。

特別任務班のことを耳に入れながら選にもれた堀部直人という青年は、公使館に青木大佐を訪れ採用を直訴したが、「そんな計画は知らない」ととぼけられた。世をはかなんだ堀部は熊本の両親に一死報国の機会に洩れたことを遺憾とする遺書を書き、切腹のうえピストルで頭を撃ち抜き壮絶な死をとげた。堀部に同情した青木大佐が、総勢七十名に堀部一名を加え七十一名としたのだった。当時の明治人には殉国の精神がみなぎっていて、誰の胸中にも護国の先兵となる覚悟があったのである。

戦端が開かれ警戒が厳しくなる前に、一日でも早く出発しようと、武器、弾薬、ダイナマイト、信管、導火線などが大急ぎで揃えられた。それに馬、零下三十度に耐える防寒具、支那商人に変装するための用品も買い揃えられた。工兵が鉄橋やトンネルを効果的かつ安全に爆破する方法を講義し、導火線に火をつけてから逃げる訓練もした。一秒間に十センチずつ火が進むから、五十センチの導火線だと五秒間で逃げて伏せることになる。

爆破の実習は北京では目につくので操子のいるカラチンで行なうこととなった。カラチンからは蒙古商人やラマ僧に変装して北上するが、そのためには僧衣、猛吹雪に耐える防寒具、蒙古紙幣、大量の携行食糧、それに目的地まで六百五十キロの雪深い砂漠をよく知る案内人や十二頭の替馬も不可欠である。

北京で露探《ロシアスパイ》の目に触れずこれらを用意することは不可能なので、操子に至急電にて依頼していた。操子にとっても困難なことだったが、操子を心から信頼し、完全な親日となっていた王妃の全面的な協力を得て、秘かに集めることができたのだった。

到着の第一報を手にした操子が「あっ」と驚きの声を洩らしたのは、走り書きの手紙の末尾に、

「脇光三」

と記してあったからだった。長野師範学校での恩師浅岡一先生の三男、光三だった。脇家の養子となり姓は変わっていたが、操子はすぐに分かったのだ。

長野師範学校長をしていた浅岡先生は、名高い信濃教育の基礎を築いた人物だが、島崎藤村『破戒』の丑松のモデルといわれる教育者大江礒吉《ぎきち》を徹底的に庇護したことでも有名である。被差別部落出身の大江の才能を高く評価した彼は、大江を師範学校教師に迎えようと、校長である自分の俸給より多額の俸給を申し出たほどだった。大江に対する差別が始まるや憤然として辞職、華族女学校の教授となっていた。

師範学校で最優秀だった操子は浅岡校長の目にとまり何度も家に招かれていたから、五歳下で文学好きな紅顔の美少年、光三をよく知っていた。彼が北京に来ていることは伝え聞いていたが、特別任務班に入ったことは知る由もなかった。光三の方は行軍の途中で伊藤柳太郎大尉から、カラチンに操子のいることを聞き、うれしくてカラチン領内に入るや第一報を打ったのだった。

操子に会ったことのある伊藤大尉と吉原四郎の二人が、早速、操子に面会した。日本の花瓶と花で飾られた部屋で、操子が理知的な目元をくずし柔和な表情で優雅に微笑んだ時、三十三歳の伊藤は、その美しさに気圧されると同時に、久しぶりに奥床しい日本女性を目にして感動と郷愁を覚えた。

そんな気持ちを振り払った伊藤は開口一番、操子がロシア人スパイの動向を細かく北京の青木大佐に報告していることに感謝を表明した。ついで種々の打合わせをした。王府で開かれる歓迎の宴では、任務班一行は支那語を用いあくまで支那商人として振舞うこと、王と王妃も一行を支那商人として扱うことになっていること、などを操子は二人に伝えた。王府内にもロシアの息のかかった高官がたくさんいたからである。

王府そばの武備学堂（兵学校）に泊まった十二人は翌日、王府での宴で最高級の蒙古料理、羊の丸焼きをふるまわれた。その翌日からは、王府内に与えられた人目の届かない場所で、天幕の組立てや鉄橋の爆破訓練などを続けた。

「光三さん、死なないで」

特別任務班の出発は三月三日となった。前日の朝、操子が女学堂の控え室にいると、どこからともなく「河原先生ッ」の声が聞こえた。窓から外を見ると馬上の脇光三が塀の上から顔を出し微笑んでいた。光三からの第一報を手にして以来、積もる話をしたい操子だったが、歓迎の宴では人目もあり、じっと互いの目を見詰めて挨拶を交わしただけだった。

「あっ光三さん。さあ、そんな高い所にいらっしゃるよりこちらに入りなさいな」

と思わず声を上げた操子は、朝陽の中、馬上で背をぴんと伸ばした光三の若武者振りを見て、久しぶりに不思議な胸の高鳴りを感じた。光三が立ち寄ってくれるのを心待ちにしていたのだった。

二人は我を忘れてこれまでのことを話し合った。光三は、仙台の二高医科に入ったが大陸への夢が捨て切れず中退し、台湾協会学校（今の拓殖大学）で支那語を学び北京へ渡ったことなどを話した。二時間も語り合い笑い合っただろうか、光三は時計に目をやると、つと立ち上がり真面目な表情で言った。

「今回の任務を考えると、生きて再び父に会えるとはとても思えません。誠に心残りですが、国家のために死地に入るのですから、凶報に接しても嘆いて下さらないようにと私が申し残したことを、父にお会い下さった折、お伝えいただきたいのです」

現実に引き戻された操子は愕然とした。目の前にいる、才能もあり親思いのこの青年が、まもなく二十三歳の若さで散ろうとしている。

「光三さんがこの世から消えてしまう」

と思った刹那、操子は胸が迫り目を伏せた。愛国の情で張りつめていた胸の奥から一気に涙が吹き出し、こらえる間もなくどっと溢れ出た。大東亜の平和のためなら、といつも毅然としていた操子が、蒙古服の袖で顔を覆い肩を震わせていた。しばらく絶句してから操子は絞り出すように、

「そのお気持ちは私が必ずお伝えしましょう」

と途切れ途切れに言った。

「北京出発以来心にかかっておりましたこの事を、思いがけなく河原先生にお願いでき、もう思い残すことは何もありません。身も心も軽くなりました」

喜びに目を輝かせて言ったこの姿が、操子の見た脇光三の最後の姿となった。

出立の三月三日の日記に操子はこう書いた。

「遠つ影にても見送りまゐらせん心積りにて、朝夙《と》く起き出づ。窓尚暗うして、雀の

声だに聞こえぬに、諸士は既に夜深きに出で立たれぬと聞く。打ち見れども、空低う密雲をこめ、風寒くして飛雪横に舞ふ」

王宮を出て、まだ暗く人影の見えない道を人家の切れる所まで小走りに走った操子は横なぐりの雪の彼方に向かって、

「光三さん、死なないで」

と叫んだ。もう一度声を限りに叫んだ。声は吹きすさぶ雪にちぎれて消えた。

特別任務班の戦い

吹雪の砂漠を難行苦行の末、カラチンの四百キロほど北方、林西まで進んだ特別任務班十二名は、ここで最年長三十八歳の元南部藩士で朝日新聞記者として活躍した横川省三を隊長とするチチハル組六名と、伊藤大尉を隊長とするハイラル組六名に分かれた。目標は共に鉄橋爆破だった。脇光三は横川のチチハル組に入った。

四月十一日の午後、チチハル組はついに小高い丘の頂上から、遥か遠くに一条の煙を吐いて進む黒い塊を見た。北京を出て極寒に耐えに耐えた五十日は、まさにこの鉄道爆破のためだった。一行はそばの岩山の窪地にこの日の天幕を張った。

翌日、横川省三と沖禎介の二人は、未明に爆破を決行すべく天幕の中で地図を開き作戦を練っていた。残りの四人は朝から鉄橋の偵察に出た。これが二人と四人との最後の別れとなった。

脇光三たち四人はロシア守備隊に発見され、追われ、馬で南方へと飲まず食わずで三昼夜も逃げ続けた。そこで出会い親しくなった蒙古商人の一行が実はロシアに通じた馬賊だったのである。不意の攻撃を受けた四人は、勇敢な応戦も空しく蒙古の砂を朱に染めて死亡した。

一方、横川と沖の二人が潜む、見なれない天幕に気付いた警備のコサック騎兵隊たちが中を調べに来た。二人はラマ僧のふりをしたが、不審に思った一人が念のためと所持品を検査したところ、ダイナマイトや信管が出てきたので本部に連行され尋問となった。

観念した二人は「シベリア鉄道爆破のためここまで来た」と自白した。二人の受け答えが見事だったため、尋問した大佐は只者ではない、只事でもないと直観した。二人は総司令部のあるハルビンに送られた。軍法会議で裁判長が尋ねた。

「貴国軍隊にはこのような任務を帯びた隊員は他にもいるのか」

「無数にいる」

「どこへ向かったか」

「他の者達のことは知らない。私達がせっかくチチハルまでたどり着きながら爆破する前に発見されてしまったのは至極残念である」

大佐による尋問の結果を詳細に聞いていた裁判長や検察官は、二人の強烈な祖国愛と天晴《あっぱれ》な勇士ぶりに感銘を受けた。裁判長は総司令官のクロパトキン大将に助命嘆願をしたが、「日本人決死隊への見せしめ」という理由で却下され銃殺刑となった。

二人は所持金としてそれぞれ五百両を持っていたが、ロシア赤十字へ全額寄付することを申し出た。係官は横川に、「君には娘さんが二人いるのだからその金を遺産として送った方がよい」と諭した。横川は「これは日本国の公金であり私の遺産とするわけにはいかない。それに我が天皇陛下は勇者の遺族の困窮を放っておくようなことはしない」と言って胸を張った。

銃殺の日、刑場となる射撃場には、敵国傷病兵のために大金を寄付する、という驚くべき行為に心を動かされたロシア軍将校、一般ロシア人、各国の新聞記者や観戦武官などが、一目見ようと大勢集まっていた。小高い丘の前に二本の白い杭が立てられた。ロシア兵が二人を白木に縛ろうとすると、

「不要だ。日本男児の胆力を見よ」

と二人が同時に叫んだ。目隠しの白い布をかぶせようとすると沖は、

「ロシア兵の銃の腕前をこの両目でとくと見ようではないか」

と言って拒否した。二十四名の射撃手が狙いを定めた。この時、二人が割れんばかりの大声をあげた。

「天皇陛下万歳」

「大日本帝国万歳」

十三年後のロシア革命で、横川と沖に関わった将校の多くが貴族として追放されハルビンに流された。二人を捕縛直後に尋問した大佐もその一人で、訪れた日本人記者にこう語った。

「二人の立派な態度と高邁《こうまい》な精神に感銘を受けた私は、二人からもっとたくさん深い話を聞きたくて、実は部下ではなく私自身がハルビンまで連行したのです」

死刑執行官となったシモノフ大尉は、横川の墓参りをしようとわざわざ盛岡を訪れ、遺児二人の前で、

「あれほど見事な人間の死刑執行官となったのは、わが生涯最大の痛恨事です」

と言って涙にくれた。死刑の前日、横川からロシア赤十字への寄付金として五百両を預かった大佐は、横川の「武士の情け」に感動し、その金をそのまま日本赤十字に寄付した。

なお伊藤隊は見事に鉄橋を爆破し、無事に北京に戻った。ただ伊藤はその九ヵ月後、

奉天での大会戦で戦死した。なお、カラチンで操子の世話になった特別任務班の各班があちこちに出没し爆破行動をしたため、狼狽したクロパトキン大将は常時五千名ほどの兵を鉄道守備に張りつけざるを得なかった。特別任務班はこれだけの大兵力を戦場に行かせず、また兵器庫や食料庫を次々に爆破したから、大きな戦功を立てたと言えよう。

停車場での別れ

ロシアとの戦火が収まり、平和の新年を迎えた明治三十九年（一九〇六年）一月、カラチン女学堂は順調に発展した上、軍の任務も終了したということで、内田公使と青木大佐は妙齢の操子に帰国を勧めた。王妃は、しきりに「お別れするのはとても悲しい」「先生、蒙古の人になって下さらないでしょうか」と懇願した。

日本に帰ることを決めた操子は、三人の優秀な女子を留学生として日本に連れ帰り、下田歌子校長の実践女学校に入学させることにした。

いよいよ帰朝の日も決まり、王と王妃に伴われた操子が北京に着くと、北京を訪れていた小村寿太郎外相と内田公使から長い間の苦労への謝意を表された。

旅立ちの日、北京の停車場にはカラチン王夫妻、内田公使夫人、服部宇之吉夫人、川島浪速夫人など主だった貴婦人たちが集まった。カラチン王と王妃が停車場で外国人を送るのは前例のないことだった。停車場でも王妃は「必ず再び蒙古へ帰って下さいよ」と操子の手をとって涙をハラハラと落とした。女学堂の生徒代表は操子に取りすがって声をあげてすすり泣いた。これを見た多くの婦人達ももらい泣きをした。

肌身離さなかった懐剣

帰国した操子を待っていたのは父、親戚、知人などからの縁談の山であった。操子の心を捉えたのは旧久留米藩士の長男、横浜正金銀行（東京銀行の前身）の一宮鈴太郎であった。操子はニューヨーク支店長の夫とアメリカで十七年ほど暮らし帰国した。ニューヨークで、夫は日米友好のため高峰譲吉たちとジャパンソサイエティの創設に尽くしたが、操子は持ち前のやさしい人柄と教養から、自然に在留夫人たちの中心として皆に慕われた。

河原操子の誕生した松本は、私の故郷諏訪から車で三十分ほどなのでしばしば訪れる。私の曾祖父藤原光蔵は大正年間に松本市の助役を務めていたが、父は祖父母光蔵夫妻に特別に可愛がられ、しばらく松本で一緒に暮らしていた。


令和五年、九月というのに大変な猛暑の松本を訪れた私は、松本市立博物館で、操子関係の資料を見せてもらった。蒙古服を着た写真、五歳の頃に母親と写真館でとったオカッパ頭の可愛らしい写真などの他、蒙古で実際に着用していた毛皮の外套や絹の夏服などを収蔵庫から出してもらった。

最も興味を引かれたのは、娘の蒙古入りを知った父親の河原忠が、いざという時には武士の娘らしく、ということで与えた先祖伝来の懐剣であった。操子が肌身離さなかったものである。ブルーの布袋の中に黒い鞘《さや》に収まった懐剣があった。刃渡り一六・八センチで表には備前国住長船忠光と銘が刻んである。裏には明応六年とあるから一四九七年の作である。柄《つか》を握りしめると、操子の体温を感じ急に操子が接近した。

博物館を出て城の北に向かった。松本藩では主に城の南に町人が住み、城の北に武士が住んだ。城の北五百メートルほどの所に明治九年にできた旧開智学校がありその途中に川島浪速生誕地がある。旧開智学校の北東五百メートルほどの所に福島安正と河原操子の生まれ育った地がある。操子の家から東三百メートルほどの所には社会運動家の木下尚江や鳩山春子（共立女子大学創設者で子の一郎は首相、孫の威一郎は外務大臣、曾孫の由紀夫は首相）が住んでいた。

この辺りを訪れるのは何度目かだが、福島旧宅跡は児童公園となっていて「福島大将誕生地」と刻まれた石碑がある。江戸末期の戸主名入り地図を手にその前をウロウロしていたら、すぐ前の家から六十代とおぼしき紳士が出て来た。

「河原操子を調べています。河原家は江戸末期の地図ではお宅から北に三軒目となっていますが」

と言って三軒目の家を指さした。幸運にも歴史ファンのようで、

「この辺りは明治四十五年の北深志大火で千軒以上が焼けてしまった所です。ですか

ら福島家も河原家もなくなってしまいました」

と言った。

「蒙古から帰った時、ここ松本では河原操子が大きな話題となったようですが、今でも人々に知られていますか」

「福島安正大将でさえ今や知る人は少数で、河原操子についてはほとんど誰も知りません。この近所でも誰も知りません」

と言った。

操子は日露戦争勝利のために小さくない貢献をしたが、諜報に関しては軍の機密ということで帰国後もほとんど何も語っていない。諜報とは表舞台の仕事ではないのである。慎み深い操子は、日支や日蒙の親善につくしたことも、「あの当時でしたら誰でもすることができたことを、私がしたまでのことです」と語るだけで、聞かれない限り話すことはなかった。

日露戦争における勝利は、乃木希典や東郷平八郎といった英雄だけでなされたものではない。用意周到な計画の下、敵地に親日の拠点を作り上げた河原操子、それを支えにシベリア鉄道爆破に向かった決死隊など、名も知れぬ人々の命をかけた献身が奇跡とも言える勝利を呼びこんだのであった。

足跡をたずねて内モンゴルへ

十数年前の九月、私は操子の足跡を辿るため内モンゴルを訪ねた。中国ということで女房を誘った。ハニートラップ対策だ。私はそういうものにひっかかりやすい。と言うかひっかかる自信があるからである。

明治三十六年師走、操子は北京から北東三百キロのカラチンまで、吹雪や黄塵に吹きまくられながら、ラバカゴで九日間揺られ着いたが、私達はほぼ同じルートを、雇った中国人運転手の呆れ果てるような危険運転により半日ほどで到着した。前の車をクラクションで追い出したり、路肩を疾走して追い抜いたり、時には歩道に乗り上げて疾走したのである。

モンゴルということで果てしない草原を期待していたが、どこまで行っても、禿山、荒涼とした原野、時折目にする黒煙を吐き続ける工場群、そして高層ビルの林立するゴーストタウンという味気ない景色ばかりだった。

モンゴル高原はゴビ砂漠で南北に二分され、北が外モンゴル、南が内モンゴルである。十七世紀にともに清国の支配下となったが、外モンゴルは一九二四年にソ連の衛星国ながらモンゴル人民共和国として独立、冷戦後には現在のモンゴル国となった。

一方の内モンゴルは中国に隣接するという不運のため茨の道をたどった。満州国成立時には東半分が満州に吸収され、終戦まで日本の支配下となり、戦後は中国領とされ、やがて中国の自治区となった。無論自治とは名ばかりで、中国によるモンゴル人ジェノサイドや大量の漢人入植などもあり、今やモンゴル民族は全体の十七％ほどである。

埃っぽい道路をひた走ると左右に山が近くなってきた。三百メートルほどの高さである。トウモロコシ畑が多く、稲も見える。道の両脇には柳の並木が続き、緑の中にレンガ造りの家が並ぶ。カラチン王府に着いたのである。旧王宮の正門を入ると操子の女学堂の一部が残っていて、その前に楡《にれ》の大木が四本あった。百三十年ほど前に植えられたというので操子も見た楡だ。私はその樹皮を少しだけはがし操子の形見として胸のポケットに大事にしまった。

昭和八年、王宮近くの宿に泊まった森山四郎という人が、雑誌「みくに」にカラチン旅行記としてこんな趣旨のことを記している。

「夕食時に出てきた中年の女将が私に、上半身を屈め、両手を膝にあて丁寧にお辞儀をしました。漢人とも満人とも蒙人とも違う、日本の上流婦人のようなしとやかなお辞儀だったので驚きました。そして女将は、

『あの、先程は番頭がお土産の緑茶や角砂糖をいただき、大層ありがとうございました』と完全な日本語で話したのです。あまりの意外に私は、

『あっ、日本語!』

とどうにか声に出しただけで、異郷で突然の日本語を聞き嬉し涙にくれてしまいま

した。

女将が河原操子という人の功績を、何も知らなかった私に日本語で話してくれました。

『三十年ほど前です。河原先生は二十代のうら若い身空でありながら、七、八歳の幼児からほとんど御自身と同年輩の教え子までを、自分の妹のように慈しみ、家庭のことまで気にかけて下さったので、誰もがその立派な御情操にすっかり魅せられてしまいました。真剣に日蒙親善につくされた功績は、今も生徒一同の胸深くに刻まれております。河原先生の帰国された後、他の先生をお迎えしましたが、どうしても河原先生のことを忘れられず、今も旧友たちが寄るとさわると、その後先生はどうしておられるだろうか、と二十年も三十年も噂し続け暮らしている始末で……』

そう物語る女将の瞳には、遠い遠い、前髪を下げていた頃を追うかのような、水晶にも似た雫がたまっていました」

昭和十三年に避暑山荘のある熱河を訪れた文芸評論家の保田與重郎に、熱河の日本

人官僚は、

「河原操子氏のカラチンでの教え子達は今では内蒙古全体に教師として散らばり、そこでの親日の拠点となってくれているのでとてもありがたい。河原氏の日蒙親善における功績は実に偉大でした」

と絶賛したという。操子がカラチンを出て三十数年がたっていた。

河原操子は明治のイデオロギーの産んだ女丈夫でも女傑でもない。美しい文章に表われているように文学少女であった。明治になって入ってきた欧米の思潮による産物ではない。昔ながらの日本女性、もののあわれに満ち、淑《しと》やかなやさしさに溢れた女性であった。支那や蒙古での仕事は、この少女のようなやさしさの泉から湧き出た水の流れるように、ごく自然になされた行為であった。それがそのまま支那や蒙古の人々の心を打ったのであった。

河原操子の存在は、日本の古くからの伝統である「もののあわれ」という情緒が、これからの世界にも通ずる、これからの世界こそが必要とする普遍的価値ではないだろうか、という希望を抱かせてくれる。

柴五郎

八ヵ国軍を率いた〝小さな男〟

柴五郎は会津藩士柴佐多蔵の五男として万延元年（一八六〇年）六月二十一日に生まれた。佐多蔵は常に上下《かみしも》着用を許された二百八十石の上士で十一人の子沢山だった。五郎は名の通り五男だが、四男五女の次に生まれたので最年少の男子として皆に可愛がられた。

幕末の頃、京都には諸国から尊王攘夷の過激志士が集《つど》い、天誅（要人暗殺）や強盗が横行し、治安を受け持つ京都所司代や京都町奉行はお手上げとなっていた。そこで幕府は一八六二年、所司代や町奉行の上に立ち、京都の治安、御所と二条城の警備などを担う役割として京都守護職を設置した。この任を引き受けるのを会津藩を含め徳川親藩はこぞって固辞した。どの藩も財政的に苦しく、千人もの藩士を派遣する余裕などなかったからである。会津藩の家臣たちも「焚き木を背負って火の中に飛び込むようなもの」と大反対した。

ところが藩主の松平容保《かたもり》が、説得に来た将軍後見職の福井藩主松平春嶽に、会津藩祖保科正之（三代将軍家光の異母弟）の作った会津家訓《かきん》の第一条、「大君（徳川家）の義、一心大切に忠勤を存すべく、列国の例を以て自ら処《お》るべからず。若《も》し二心を懐《いだ》かば、則ち我が子孫に非ず、面々決して従うべからず」を持ち出された。これに反するわけにはいかず、ついに京都守護職を承諾した。家臣たちは「これで会津藩は滅びる」と慟哭《どうこく》した。

慶応四年（一八六八年）、長兄に手をひかれ、藩校の日新館に入学したばかりの五郎の周辺が騒がしくなった。前年の十月十四日、十五代将軍徳川慶喜が欧米の議会制度を模範とした合議制の政体を想定して大政を奉還したが、まさにその日、幕府が単なる一大名になるのを待っていたかのように、朝廷から「討幕の密勅」が下ったのであった。

この勅令は、日本近代史の故石井孝東北大名誉教授など多くの学者が「偽勅」とみなすものである。すなわち、まだ十四歳で天皇になったばかりの明治天皇のまったくあずかり知らぬもの、西郷隆盛、大久保利通、および孝明天皇を毒殺したとの論が絶えない岩倉具視《ともみ》の三人の謀議による偽文書と推測されている。薩長には新政府における権力を握りたいという強い動機があり、そのためには隠然たる勢力をもつ幕府を武力討伐すべきと考えたのである。

いずれにせよ、討幕の勅旨が出たということは、幕府そしてそれを支えてきた会津が朝敵、逆賊となったということである。京都守護職として京都の治安を守り、天皇を命がけで守ってきた会津藩としては寝耳に水のことだった。すでに大政を奉還した後なのに、幕府と会津を討伐せよ、というのだから尚さらである。

薩長を中心とした西軍は「錦の御旗」を掲げ、慶応四年一月には鳥羽伏見の戦いで幕府軍を打ち破り、各地で掠奪《りゃくだつ》暴行を繰り返しながら江戸に進軍した。錦旗を相手に日本人は戦えないのだ。江戸城も四月には無血開城となり、将軍慶喜は水戸に謹慎となった。薩長などの軍はここで止まらなかった。江戸城開城で矛を収めよう、という意見もあったが、長州の木戸孝允《たかよし》（桂小五郎）が会津征討を強く主張して譲らなかった。一八六四年の禁門の変（蛤《はまぐり》御門の変）で、御所に大砲を撃つという前代未聞の不敬を働いた長州を、京都守護職の会津藩は徹底的に撃破したうえ、その後の長州征伐でも中心となったからである。

長州だけでなく薩摩藩も庄内藩を討伐したかった。江戸の治安を乱すことで幕府の威信を傷つけようと、薩摩は江戸で浪人やヤクザなどを用い集団で放火、掠奪などの狼藉を働いていた。彼等が決まって三田の薩摩藩邸に逃げこむのを見た江戸市中取締役の庄内藩は、犯人を出せと言ったが一切言うことを聞かなかったので薩摩藩邸を焼き払ったのであった。

長州は会津藩に、薩摩は庄内藩に強い怨念を抱いていたのである。犯罪行為を咎められただけなのに、薩摩と長州の両藩は逆恨みしたのであった。薩摩藩邸焼き打ちの報を京都で耳にした主謀者西郷隆盛は、「はじまりました」と、居合わせた土佐藩の谷干城《たてき》に言ってニヤリと笑った（『隈山詒謀録《わいざんいぼうろく》』）。

満八歳の柴五郎にとっても、薩長を中心とする西軍が五月に北上を始めたのは理解しがたいことだった。すでに藩主の容保公は、すべての幕府要職を辞任し、藩主の座を嗣子に譲り謹慎している。それに北上する新政府軍に何度も恭順と謝罪を表明している。会津と庄内に同情した奥羽諸藩は、まとまって新政府に対し会津と庄内の赦免嘆願までした。これらすべてを拒否しての討伐だったからである。

会津藩は座して辱《はずか》しめを受けるよりは、と総動員体制をしいた。可能な限り頑張り、和平の機会を探ろうという計画だった。五郎の兄四人は皆、京都守護職の一員として京都にいたが、会津に戻るやすぐに西軍を迎え撃つため戦場に向かった。武士だけでは不足ということで農民、町人などに募集をかけた。何と三千名近い志願者が即座に集まった。戦闘では彼等も勇敢に戦った。庄内藩でも同様だった。後年、「会津藩や庄内藩は封建制護持の元凶として討ったが会津や庄内の農民や町人は新政府軍を歓迎した」などと藩閥政治下では言われたが、よくある権力者による歴史捏造にすぎなかった。

五郎が入学したばかりの日新館はまもなく休校となった。教室は負傷者のための病院となり、道場は弾薬製造所となった。

新政府軍の北上に対応し、国境守備を固めるため、柴家では、父は城内に入り、長男と三男は越後口へ、次男は日光口へと向かった。白虎隊員だった四男は熱病により家で床についていたが、母が「柴家の男子なるぞ、父はすでに城中にあり、急ぎ父のもとに参じて、家の名を辱しむるなかれ」と大声で叱責し無理やり送り出した。四男は蒼白な顔のまま、家族一同に見送られふらふらと城へ向かった。母は目頭を袖で押さえながら家に入った。家に残ったのは、八歳の五郎以外には八十一歳の祖母、五十歳の母、長男嫁、姉、妹の女五人だった。

五郎の幼少期については、八十歳を過ぎてから記した『ある明治人の記録――会津人柴五郎の遺書』（石光真人編著、中公新書）に詳しい。

会津戦争で損傷した鶴ヶ城天守閣

一家自刃を知らされる

大砲の音が山の向こうから聞こえ、市中が騒然となった八月二十一日の朝、二里ほど南にある山荘に住む大叔母きさが訪ねて来て、五郎を「付近の山々は茸や栗の実の盛りですから、泊まりがけで取りにいらっしゃい」と山荘に誘った。

五郎は翌二十二日、大叔母と、この沢、あの峰と茸や栗を拾い集めていた。二十三日朝、母たちに喜んでもらおうと拾い集めた茸と栗で一杯の籠を下げ、大雨の中を下男と山荘を出た。泥道を十分も歩かないうちに大砲の音が大地を這い大気を震わせ始めた。雨具もなくずぶ濡れとなった裸足の避難民が続々と上って来た。城の見える所まで行くと、天守閣は黒煙に覆われ、町の各所で炎が上がっている。急に心配になった五郎は母の元に一刻も早く行こうと、走り始めた。下男も従った。何人もの避難民に、

「城下は火焰に包まれていて入れない、引き返しなさい」

と言われたが無我夢中で家を目指した。しかし途中まで来ると一面火の海でこれ以上進むのは無理だった。情けなさで草むらに倒れこんだ五郎は、「母上、母上」と叫び続け、地を叩き、草をむしって号泣した。

「若旦那、お嘆きはもっともですがどうしようもありません。山荘に引き返して下さい、お母様たちも必ず山荘に来るでしょう」

と下男に慰め励まされ、五郎はやっと立ち上がり山荘に戻った。

午後になって高齢の叔父が疲れ切った表情で城下から山荘に到着した。五郎が直ちに「母上たちは」と尋ねたが叔父は「のちほど」とだけ言って奥の間に消えてしまっ

た。しばらくして五郎が招《よ》び入れられた。正座する五郎に叔父が語り始めた。

「今朝のことだ。敵が城下に侵入したが、お前の祖母、母、兄嫁、姉、妹の五人は退去せず、いさぎよく自刃された。私は懇願され、介錯し、家に火を放って来た。母は死ぬ間際に、お前の養育を私に頼まれた。悲しいだろうがこれが武家の常なのだ。あきらめるのだ。いさぎよくあきらめるのだ」

五郎は声も出ず、涙も流れず、そのまま気を失った。

親戚一同が秘かに相談した結果、「男子を一人でも生かし、柴家を継ぎ、藩の汚名を雪《そそ》ぐべし」ということになり、最年少の五郎が選ばれたのであった。また戦闘に役立たない婦女子は、城の兵糧の浪費となるだけだから籠城せず、敵侵入とともに辱しめを受けぬため自害することになっていたのであった。

残酷無慈悲な「全藩民流罪」

十一月になり、武士以外の者は城下に入ることを許されたので、丸坊主となり農家の子に扮した五郎は大叔母と一緒に山荘を出た。そびえ立っていた白亜の鶴ヶ城は多くの砲弾を受け傷だらけとなり、白壁ははげ、瓦は崩れ落ちていた。柴家のあった場所は、庭木がほとんど見当らないほどに何もかも焼け落ちていた。呆然としたまま瓦礫の上にうつ伏せになっていると、大叔母が、

「五郎さま、さあ、ご自分の手で皆のお骨をお拾いになって下さい」

と言い、五郎の腕を支え立ち上がらせた。五郎が涙ながらに集めた骨は白木箱に納めて山荘に安置し、後に菩提寺の恵倫寺に埋葬した。

翌明治二年（一八六九年）の六月まで山荘にいた五郎と、戦闘で負傷した長兄は、他の藩士百余名とともに東京に護送されることになった。負傷の兄を戸板に乗せ、十数日をかけ東京まで歩かされ、幕府の旧食糧倉庫に入れられた。柴家の次男は日光口の戦いで死亡していたが、生き残った父、三男、四男も同様に東京へ護送され別の所に入れられた。監視つきの言わば俘虜収容所であった。

明治二年九月、新政府は会津藩を南部藩領であった下北半島三万石に移封した。六

十七万石だった大藩の会津藩にとって三万石とは厳しい処遇であった。新領地が米もできない寒冷な痩地で、実収わずか七千石に過ぎないこと、すなわちこの移封が新政府による、日本史上に見当らない「全藩民流罪」という残国無慈悲な処置であることなど誰一人知らなかった。実際この明治二年、南部藩は未曾有の大凶作で、下北は餓死者、行き倒れ、捨子で溢れていた。下北を日本一の荒地と確認したうえで会津藩を移封したのだった。

三万石では会津藩士四千戸を養うのはとうてい無理ということで、斗南《となみ》藩と名づけられた新領地に行く者は全体の七割ほど、二千八百戸、全一万七千人となり、残りは会津、江戸、北海道などに分散した。五郎の父親は斗南に行く前に会津で墓参りをすませたいと陸路を行き、三男と四男は東京に残り将来のために勉学することとなった。

明治三年五月、五郎は長兄と品川沖で八百トンばかりの蒸気船に乗せられた。一ヵ月ほど遅れて着いた父親とともに、一家は陸奥湾の北東端にある田名部《たなぶ》で空家を借りた。一階が十畳ばかりの台所兼用の板敷で、二階は六畳間だった。畳は一枚もなく、障子には何も貼っていなかった。十月というのに陸奥湾からの寒風が吹きつけ、父、長兄、再婚したばかりの長兄の嫁、十歳になった五郎の四人は、板敷にむしろを敷き、骨しかない障子に米俵を縛りつけ、囲炉裏に火を焚き続けて寒さをしのいだ。

最果ての火山灰地である上、夏には山背と呼ばれる、冷たい親潮の上を渡ってくる北東風が吹きつけるため米も麦も育たず、どうにか育つ穀物といえば稗《ひえ》と粟《あわ》くらいであった。そこに農業経験のない、鋤や鍬も持ったことのない藩士とその家族一万七千人が大挙してやって来たのである。移住当初に新政府から斗南藩に下げ渡された米が頼りだったが、それは二ヵ月もしないうちに食べ終わる量ですぐに底をついた。急場をしのぐため、長兄が使者として選ばれ、函館に渡りデンマーク領事から米を買い付けた。ところが仲介の貿易商人が、斗南藩の支払った多額の米代を横領し逃走してしまったのである。領事が藩政府に賠償を請求したため、長兄は迷惑が藩に及ぶのを避けるため横領は自らの仕業と、罪を一身にかぶった。そのため逮捕され東京に護送されてしまった。

犬の肉を分け合う

あばら家には年老いた父と兄嫁と十歳の五郎が残された。父は覚えたての漁網編みを家で、兄嫁は朝から晩まで町で機織りをして工賃を稼いだ。五郎は囲炉裏にくべる枯れ枝を拾い集めたり、水汲みに少し先の田名部川まで行ったりした。冬には枯れ枝を一メートルをこす雪の下から探したり、結氷した田名部川の川面に穴をあけ水を汲んだりした。海岸に流れついた昆布、ワカメなどを集めるのも五郎の仕事だった。これらを棒で何度も叩き、木屑ほどの細片にしてから玄米などに混ぜて粥にするのである。当地でオシメと呼ばれるものだ。臭いが強く美味とは程遠いが、餓死を免《まぬか》れるには仕方なかった。

部屋は北風が吹きぬけ、夜は囲炉裏の火を絶やさず、その横でむしろをかぶって眠った。室内でも零下十五度くらいまで下がった。背を囲炉裏に向ければ腹が寒さで痛み、腹を向ければ背が凍える、指が凍えれば囲炉裏近くで手をもむ、という具合だった。特別に寒い日には、五郎は鍛冶屋で暖まらせてもらった。この冬、飢えや寒さや栄養失調で多くの老人や子供が死んだ。医者などいない土地だった。五郎も熱を出し四十日ほど米俵に入って寝ていた。

雪融けの頃、五郎は田名部川の中ほどに、猟師に撃たれて死んでいる犬を発見した。氷が薄くなっていて猟師は取りに行けなかったのだろう。よく見ると鍛冶屋の犬だった。父親に相談すると、しばらく考え、

「鍛冶屋に行って犬をもらって来るがよい」

と言った。鍛冶屋に走って行き承諾を得て帰ると、父親が珍しくほめてくれた。と、そこに中年の藩士が息を切らしてやって来た。

「この犬をもらおうと鍛冶屋に行くと、すでに柴家にあげてしまった、そちらで交渉してくれと言われました。私が危険な氷上を渡って取って来ますので、半分いただけないか」

父親は苦笑して了承した。藩士は誰も飢えていたのである。その藩士は犬を曳いて来て、解体した犬の肉を半分だけ持って帰った。柴家では残された半分をその日から

毎日食べることになった。兄嫁は気味悪がっていっさい箸をつけないので父親と五郎が主食代わりに食べた。初めは久しぶりの肉で美味しかったが、塩で煮ただけのうえ、大きな犬で三週間も続いたから、ついには無理に口に入れても飲みこめないほどになった。これを見た父が語気鋭く五郎を叱った。

「武士の子たることを忘れしか。戦場にありて兵糧なければ、犬猫なりともこれを喰らいて戦うものぞ」

「会津の武士ども餓死して果てたるよと、薩長の下郎どもに笑わるるは、のちの世までの恥辱なり。ここは戦場なるぞ、会津の国辱雪ぐまでは戦場なるぞ」

長く辛い冬を生き抜いた三人は、このままでは次の冬を越すことはできないと、食糧を得るため開墾を決意した。明治四年春、雪が融けるのを待って、三人は藩から与えられた鋤や鍬を手に生まれて初めての荒地の開墾に精を出した。開墾とは木を切り根を掘り出すという大変な重労働である。

三人の苦境を知った三兄が東京から助けに来た。出来上がった小さな畑に何種類かの種を蒔いた。やせ大根と小ぶりのジャガイモだけが少量だが収穫できた。野菜作りはうまく行かなかったが付近にはセリ、ワラビ、フキ、アサツキなどの山菜がいくらでもあった。主食は相変らずオシメ粥だった。

五郎は兄嫁を気の毒に思った。世が世なら深窓の令嬢として華道、茶道、琴、和歌などに勤しんでいるはずなのに、今はボロを着て、髪を整える油もなく、やつれた顔でオシメ粥をすすっている。

冬は毎日、むしろのすき間から吹き入る寒風に震えながら、父、三兄、兄嫁が無言のまま部屋の中で縄をなっている。斗南に来た人々にとっては過去も未来もなく、ただ寒さと飢えにじっと耐えるだけで、話すことなど何もなかった。

五郎は時折、

「こんな運命が待っていたのなら、母上たちと一緒に自決すればよかった」

と、炉の火を見つめながら頬を濡らした。

最果ての荒野で見た曙光

この年（明治四年）、維新における大改革中の大改革、廃藩置県が実施され、斗南藩は消滅し弘前県に併合され、次いですぐに青森県となった。斗南藩の消滅に伴い、容保の嫡子、容大《かたはる》公も去ったこの地に多くの藩士たちが見切りをつけ、会津、東京、北海道など各地に散って行った。

この年の寒風吹きすさぶ師走、雪に埋もれた最果ての荒野で夢も希望もなくしていた五郎に、ついに曙光が見えた。旧斗南藩から選抜され、青森県庁の給仕として働くことになったのである。青森県のトップは二十七歳の大参事、野田豁通《ひろみち》だった。薩長軍についた熊本藩士だが、横井小楠《しょうなん》門下として学識があり、義侠心が強く、惻隠の情に溢れた人物だった。戊辰戦争で荒廃した東北から有望な若者を書生として取り立て、有為な人材を養成しようとしていた。会津の柴五郎の他にも、水沢藩の後藤新平（満鉄初代総裁）、同じく水沢藩の斎藤実《まこと》（首相）などを育てた。自らの娘を会津藩士の家に嫁がせたりもした。

五郎の仕事は職員の出勤前に役所へ行き、火をおこし湯をわかし、各室の掃除、火鉢に火を用意し鉄びんや茶釜を配るといった仕事だった。斗南での仕事に比べれば何のことはなかった。飢餓と厳寒に生命を脅かされていた五郎にとって、米を食べ布団に寝る生活は夢に見たものだった。誠実さや仕事ぶりを見込まれた五郎は、給仕の身分はそのままで野田大参事の邸に住みこむことになった。野田は五郎を可愛がり、五郎の将来のため夜間には読書や習字の先生をつけてくれた。五郎も、討幕派、佐幕派などを一切気にせず人物本位で人を見る野田に、自らの心の底にあったこだわりが次第に融けていくのを感じていた。

上京し陸軍幼年生徒隊に

半年ほど県庁で働いた五郎は、この地に給仕として安穏に暮らしていても将来がない、兄たちのいる東京に行き、戦乱でままならなかった勉学に励みたいと思うようになった。野田大参事もすぐに賛同し励ましてくれた。

明治五年八月、十二歳となった五郎は二年ぶりに東京に戻った。二年前はボロを着た難民姿だったが、今回は白地の浴衣に袴をつけ、大人用の山高帽を耳までかぶり、父親のくれた竹行李《たけごうり》を背にかつぎ、草鞋《わらじ》ばきという頓珍漢な格好だった。

東京は二年前と大きく変わっていた。とりわけ仏閣が壊されているのには驚いた。日本は奈良時代の頃から神仏習合と言われ、寺の境内に神社があったり、神社に仏像が置かれたりしていた。「神と仏は一つ」と教えられてきた五郎にとって増上寺などいくつもの寺が壊されたりひどく縮小されていたのは衝撃だった。慶応四年に神仏分離令が発布され、廃仏毀釈（仏教弾圧の一環として仏像や寺院を次々と破壊すること）が盛んになったのである。戊辰戦争で天皇利用に味をしめた薩長が、日本を国家神道一本とし、これまでのように天皇の威を借ることで権力を掌握し続けようと企らんだのである。

廃仏毀釈は千年余りにわたる伝統文化を破壊した恐るべき犯罪であった。薩長の無知無教養な若輩たちによる歴史上類のない蛮行であった。

実際、大政奉還のあった一八六七年、三十九歳の西郷隆盛、坂本竜馬三十一歳、伊藤博文二十六歳、山県有朋二十九歳、大隈重信二十九歳、板垣退助三十歳、木戸孝允三十四歳、大久保利通三十七歳と若造ばかりだった。松下村塾出身者もいるが、吉田松陰の四天王と言われた久坂玄瑞《くさかげんずい》や高杉晋作など秀才四人は、大政奉還前に死んで、残ったのは無教養の凡才ばかりだった。彼等の良識の欠如は維新の犠牲者を祭るため明治二年に建立された靖国神社に、会津など東北人犠牲者を祭ることを禁止したことにも表れている。

維新時、すでに佐久間象山、橋本左内、藤田東湖、横井小楠など維新をリードすべきだった高い知性の人々は他界あるいは隠退していた。そのため維新は思慮深い革新ではなく、薩長の見識も良識もない若い武断派下級武士たちによる血腥《ちなまぐさ》いクーデターとなり、そのうえ彼等がそのまま政治の中枢に居坐ることになったから、法外な人的犠牲や文化的犠牲が発生したのだった。

薩長は維新後も藩閥政治を作り、昭和の頃まで権力を握り続けた。会津いじめも続き、福島県ができた明治九年、県庁は会津の十分の一ほどの規模だった福島町に置かれ、昭和になってもかつては仙台に次ぐ東北第二の都市だった会津若松には山形新幹線も秋田新幹線も通さなかった。今でも会津若松へは郡山で新幹線を降り、単線の磐越西線でのろのろ行くしかないのである。三十年ほど前に初めて会津若松を訪れた私は、郡山の繁栄に比べ、高い建物も活気もなくひなびた町並みを見て、明治大正昭和と続いた会津いじめに胸の塞がる思いだった。


知己を頼りに、下僕として働きながらあちこちを転々としていた五郎に、野田豁通より手紙が届いた。薩長土肥から外れていた野田は、五郎の上京後まもなく、青森県大参事を解任され上京し、陸軍省の会計課長にあたる仕事についていた。手紙は、

「近々陸軍幼年生徒隊にて生徒を募集する試験あり、受けてみよ。これに合格すれば陸軍士官になることを得、汝武士の子なれば不服あるまじ」

というものだった。

五郎は嬉しさで飛び上がり、さっそく野田豁通と斗南藩大参事だった会津藩家老の

山川大蔵の両恩人に保証人となってもらい願書を提出した。同時に下宿先の書生に頼み読書や算術の猛勉強を始めた。

十一月初旬に和田倉門外の兵学寮で受験した。翌明治六年三月に「入校を許可す」との報が届いた。起居していた山川邸では、大蔵や母堂が大喜びしてくれた。特に母堂は、自刃して果てた五郎の母親や祖母を偲んでか、五郎を前や後から眺めては涙を流していた。大蔵は五郎を連れ出し軍服を購入し着せてやった。五郎はそのまま野田邸に向かい合格の挨拶をした。野田も我が子のことのように喜び、「これでよか、これでよか」を連発した。

正規の教育を十分に受けられなかった五郎の成績は入学当初はビリだったが、先生に作文をほめられてから自信を取り戻し、猛勉強に励む力が一気に湧き、二年の終わりにはトップ争いに加わるほどになった。

明治九年になって、斗南で頑張っていた父親と三兄と兄嫁が、ついに開墾を諦め会津に戻った。会津は未だ立ち直っていなかった。美しく整然とした城下町は消え、威儀正しい人々も消え、大城下町はただの田舎町となっていた。これは今もさほど変らない。

支那の専門家として

翌明治十年には西郷率いる薩摩勢による西南の役が起きた。旧会津藩士たちはこれを千載一遇のチャンス、「汚名返上戦争」ととらえ、こぞって政府軍に参加した。学業中の五郎を除いた柴家の兄弟達も「今こそ芋侍たちを木ッ端微塵《こっぱみじん》に叩きのめさないと泉下の母親たちに申し訳がたたない」と勇んで参戦した。

熊本城攻略戦で負けた薩摩軍は命からがら故郷へ帰り、総帥の西郷は自決した。半年後には政府軍の総帥大久保利通が東京の紀尾井坂で暗殺された。権力掌握のため、何の理由もなく会津に朝敵の汚名をかぶせた上、血祭りにあげた元凶二人が、非業の最期を遂げたのである。五郎は国を守る陸軍にいながら、国の柱石たる二人の死を「天罰」と秘かに思い溜飲を下げた。

明治十七年、陸軍士官学校を卒業後、中尉にまでなった二十五歳の五郎は「渡清を準備せよ」との内示を受け、福建省の福州へ派遣されることになった。

当時、帝政ロシアは、中央アジアから弱体化した清国にかけて南下しつつあった。早晩、日本をも侵すことになるだろうが、これを防ぐには、アヘン戦争に見られたごとく死に体となった清国を近代化し、日清が連合してロシアに対抗しなければならない。この考えは幕末の頃から、心ある人々の胸に萌《きざ》していた。

この考えに心酔していた五郎は、自分もそのためにつくしたいと思い、学校を出てから中国語の学習に励んでいた。そのことを耳に入れていた上層部が中国行きの内示を出したのであった。山川大蔵や野田豁通など恩人が送別の宴を開いてくれた。新橋から横浜までは汽車で、そこから船で長崎を経由して上海へ向かった。


この頃、ハーバード大学へ留学していた四兄の四朗が帰朝し、その経済学に関する知識が谷干城農商務大臣の目に留まりその秘書官に採用されていた。四朗は幼少の頃から身体が弱く、戊辰戦争では白虎隊にいながら発熱により死を免れたが、秘書をしながらも体調を崩しがちだった。彼が熱海で静養している間に東海散士のペンネームで書き上げたのが政治小説『佳人之奇遇』の第一編だった。彼の欧米体験をベースに書いたこの作品はまたたく間にベストセラーとなった。

山紫水明の福州で二年半ほど、北京語に慣れ英語を学び、諜報活動を隠すため写真館を開いていた五郎は、北京に移り、将来、清国と戦争になった場合に必要な、北京および周辺の精密な地図を作った。

帰国して陸軍士官学校で兵器学の教官をしていた五郎は、明治二十四年に旧土佐藩士の娘くまゑと結婚した。五郎三十歳、くまゑ十八歳だった。優しいくまゑとの新婚生活に五郎は何十年も忘れていた心の安らぎを覚えた。翌明治二十五年には支那の専門家として参謀本部第二部（情報）支那課に戻るなど順風満帆だった。ところがその後、長女みつを産んだくまゑは産後の肥立ちが悪く、急逝してしまった。

だが、悲嘆にくれている暇はなかった。陸軍一の切れ者、川上操六参謀次長に随行して清国と韓国の視察に行くことになったのである。川上操六は、明治二十年に乃木希典や福島安正とともにドイツへ留学し、欧州一のドイツ兵制を学んだ後、参謀次長として日本陸軍の近代化に取り組み、陸軍参謀本部育ての親とも言われる大物だった。

当時、清国は一八四〇～四二年のアヘン戦争と一八五六～六〇年のアロー戦争で香港と九龍半島南部をイギリスに奪われ、一八八四～八五年の清仏戦争ではベトナムをフランスに奪われ、ロシアには満州の北から沿海州までの膨大な地域を掠《かす》め取られていた。貪欲あこぎなヨーロッパ列強に次々に戦争を仕掛けられ、すべてに惨敗し領土を蚕食されてきた、弱兵しか持たない清国が、かつての属領朝鮮に目をつけ、欧米勢が興味を示さないのをよいことに再び属領にしようと親清政権を作った。

日本は、いずれやってくるロシアの南下から本土を守る砦として、朝鮮を支配下に置くことが不可欠と考え、清国の動きに神経を尖らせた。日本の思惑に感づいた清国は明治十九年、丁汝昌《ていじよしよう》提督率いる自慢の北洋艦隊に、友好という名のもと、恫喝する目的で日本各地を訪問させた。長崎では日本の許可なく上陸した五百人の水兵達が略奪、婦女暴行などの乱暴狼藉を働いたが、我が国は北洋艦隊の主力艦「定遠」と「鎮遠」に対抗できる戦闘艦を保有していなかったため、抗議すらできなかった。

明治二十六年、五郎が川上参謀次長と行なった三ヵ月にわたる清韓視察の結果、

「日本軍は清国に規模でははるかに下回るものの、鍛錬度や愛国心ではるかに上回り圧勝できる」という結論に達した。翌年からの日清戦争はその通りとなった。視察から帰国後、柴五郎は日清戦争をはさんで、ロンドンの英国公使館附武官となり欧州情勢を探った。三年あまりのロンドン滞在で、五郎の誠実さや謙虚さは英国人に好かれ多くの友人を作った。

帰国した五郎は参謀本部第二部に戻り、中佐に昇進した。情報マンは世界中を歩くのが仕事だが、五郎も例外でなく、日本で寛ぐ間もなく八ヵ月後の明治三十三年（一九〇〇年）四月には清国公使館附武官として北京に赴任した。「柴中佐」が世界にとどろくことになる大事件が起こるとは夢想だにせず、懐しい北京へ向かった。

日本中が泣いた屈辱

日清戦争で日本軍により北洋艦隊を全滅させられ惨敗した清国は、明治二十八年四月十七日、下関海峡をのぞむ料亭「春帆楼」での講和会議で、全権代表の李鴻章《りこうしょう》が日本側に一方的に有利な和平案を呑まされた。この下関条約では、朝鮮の独立承認、遼東半島、台湾、澎湖《ほうこ》諸島の日本への割譲、それに約三億円（日本の国家予算の三倍半）の賠償金の支払いなどが決められた。清国は日本に戦争を仕掛けられたうえ、多大な領土と多額の金をふんだくられたのである。弱肉強食が帝国主義の掟であった。維新後二十七年にして日本はすでに欧米列強と並ぶ一人前の帝国主義国となっていた。

伊藤博文首相や山県有朋陸相の決めた条件だったが、欲張りすぎであった。果たして調印の六日後に露独仏の三国が干渉してきた。「日本による遼東半島支配は東洋平和のためにならないから放棄を勧告する」というものだった。清国に涎《よだれ》を垂らしている三国の言い掛かりに過ぎないが、この三国を相手に戦うことはできない。日本は一週間の大議論の末、この恫喝に屈することとなった。恫喝に屈した屈辱を、日本中が、子供から大人までが泣いて口惜《くや》しがった。

「眠れる獅子」と思われていた中国が「眠れる豚」にすぎないと知った欧州列強は、

死体にとりつくハイエナのように中国に群がった。ドイツが膠州湾《こうしゅう》を占領、租借《そしゃく》し、ロシアは日本に返還させた遼東半島をちゃっかり租借して旅順を自らの軍港とし、イギリスは旅順から海を隔てて二百キロの威海衛と香港島のある九龍半島を租借し、フランスは広州湾を占領し租借した。

義和団の乱起こる

ヨーロッパ列強の目に余る横暴に、清国民衆の憤慨は頂点に達した。当然である。民衆は「扶清滅洋《ふしんめつよう》（清を助け西洋を滅ぼせ）」を唱える宗教団体、義和団と一緒になり一九〇〇年に武力蜂起した。西洋のシンボルたる教会を焼き打ちにし、西洋の建設した鉄道を破壊し、西洋人やキリスト教徒を攻撃し始めた。

山東半島で始まった義和団の乱は天津そして北京へと移った。放火や略奪などが続出していたが清国政府は十分な取り締りを行なわなかった。十分理解できることだが、政府も義和団と同様、外国人に対し怒り心頭だったのである。

日英米仏独露伊墺八ヵ国の北京の公使館はまとまって公使館区域にあったが、危険を感じ天津沖にいる各国軍艦に護衛兵の急派を打電した。八ヵ国合わせて四百人余りの海軍陸戦隊員が集まった。日本軍からは二十五人だった。一キロ四方もある公使館区域をこれだけの人数で守るのは難しい。老幼婦女を含む居留民三百人、百人ほどの公使館員、それに逃げこんで来た支那人キリスト教徒三千人もいる。増派を打電したが、北京・天津間の鉄道も電信線も切断されていた。清国政府に再三の警護要請をしたが何もしてくれなかった。

中国というのは理解を絶する国である。一ヵ月ほどして清国政府が何とこれら八ヵ国に宣戦布告したのだ。八ヵ国のどの一国にも負ける清国がである。翌日からは清国正規兵が公使館区域を包囲攻撃してきた。各国は守備隊補強のため居留民からなる義勇軍を作った。

八ヵ国の兵がバラバラでは守り切れないから、連合軍を作り陸軍にいたことのある英国公使マクドナルドが司令官となった。ところが実際の戦闘が始まるとすぐ、マク

義和団と戦った八ヵ国軍の兵士（右端が日本兵）

ドナルドは作戦や実戦指揮の上で、日本隊の司令官柴中佐が抜群の能力を持っていることに気付いた。自然に柴五郎が総指揮をとることとなった。黄色人種が白色人種の上に立つというのは、人種差別の激しい当時、前代未聞のことだった。柴中佐は勇敢さ、冷静な判断力、公平な指揮、そして人格など、誰から見ても一頭地を抜いた存在だったのである。

各国勢が柴中佐の指揮に従った。中仏英の各語に堪能なのも役立った。我の強い国々同士のもめ事があっても柴中佐の一言で決着した。数百人の清国兵が英国公使館を包囲し、壁に穴をあけ侵入し、火を放ったことがあった。マクドナルド公使の急報を受けた柴は直ちに安藤辰五郎大尉以下八人を救援に送った。八人は群なす清国兵の中にサーベルを抜いて突撃し、たちまち敵兵を一掃してしまった。公使館の英国人達が窓から射撃している前でこれが行なわれたから、讃嘆の的となった。柴のもとで戦った英国人シンプソンは日記にこう書いている。「この小さな男はいつの間にか混乱を秩序へ変えた。彼は部下を組織化し、逃げ込んだ支那人キリスト教徒には塹壕《ざんごう》を掘らせるなど見事に使いこなしている。……僕はこの小男に自分が傾倒しているのを感じる。僕は間もなく彼の奴隷になってもいいと思うようになるだろう」。

財宝や美術品全てを返却した日本軍

日本から臨時派遣隊千三百名が急派された。指揮官として参謀本部の情報部長、福島安正少将が選ばれた。支那通のうえ、英仏中独露の五ヵ国語に堪能だから列国軍隊との難しい調整もできそうということだった。福島は子飼いともいうべき柴を救うために北京に一番乗りだ、と勇んだ。各国の連合軍一万人の中心となった福島は、上陸して十日足らずで三倍の兵力をもつ清国軍を壊滅させ天津を制圧した。

籠城が長く続いた公使館区域では食糧も弾薬も欠乏していた。公使館で飼っていたロバやラバも食べてしまったし、草を食べつくした支那人たちからは餓死者が続出していた。

日本軍の活躍で連合軍が北京を制圧するや、福島は真先に日本公使館にかけつけた。福島と五十日余りにわたる最前線での指揮により穴だらけ泥まみれとなった軍服をまとった柴とが、万感の思いをこめて黙ったまま挙手の礼を交わした。

二人は別室に入った。さっそく福島は柴に尋ねた。

「外国軍や敗戦の清国兵の規律はひどいものだ。金目の物や若い女を見ると手当り次第に襲いかかるという始末だ。そこで明朝、政府建物を押さえる手筈《てはず》だが、どこから手をつけるべきと思うか」

「何と言ってもまず、西太后のいる可能性の高い紫禁城です。同時に大量の銀のある大蔵省を押さえるべきと考えます」

翌朝二人は馬に乗って日本軍を指揮し、大蔵省を封鎖し、紫禁城の四つの正門のうち三つを日本軍が、一つを米軍が占拠し封鎖し、城内の膨大な美術品を守った。日本軍は後に紫禁城で確保した財宝や芸術品すべてを清国帝室に返却した。英米仏露独などの兵隊、将校そして公使館員までが狂ったように北京のあちこちにある宮殿の掠奪に走り、それを敗戦清国兵や他国軍の仕業に転嫁しているのと対照的だった。

日本の廉直に感心し好印象をもった清国やその国民は、四年後の日露戦争で日本に種々の便宜を図ってくれた。この日の午後、マクドナルド公使は列国指揮官会議に出席し、

「籠城における功績の半ばは勇敢な日本兵に帰すべきものである」

と語った。日本兵には農民や商人出身の者も多くいたが、明治二十年くらいまでに生まれた日本人には未だ、勇敢、沈着、忍耐、惻隠といった武士道精神が埋火《うずみび》として根付いていたのである。

「柴中佐」が世界史を動かした

義和団の乱の後、日本軍の実力と規律を目の当たりにしたイギリスは、極東におい

てロシアに対抗できるのは日本のみと考えるようになった。北京に籠城し、柴中佐の有能さや人間性に感銘を受けた英国タイムズ紙のモリソン記者などが、紙上でしきりにロシアの脅威を訴え日英提携論を掲げた。日英同盟は数年前から川上参謀次長や福島少将、林董《ただす》外務次官など、先見の明のある人々が構想していたものだった。

日本にとって幸運だったのは、北京籠城の際のマクドナルド駐清公使の次の赴任地が日本になったことだった。早速、日本側は日英同盟締結のため、まず福島や柴が半蔵門の英国公使館を訪れ地ならしをし、次いで小村寿太郎外相が正式な交渉を始めた。

義和団の乱以降、柴中佐や日本軍に対する尊敬の念を抱いていたマクドナルドは、夏休みを取るという名目でロンドンに直行した。彼はヴィクトリア女王、首相、外相などに会い、北京籠城について詳しく報告し、日本軍のすばらしさを説き、「光栄ある孤立」の政策を捨て日英同盟を結ぶための根回しをした。ロシアが義和団の乱に乗じて満州を占領し、朝鮮にまで触手を伸ばし始めたこと、このままでは北京や揚子江流域のイギリス権益が脅かされ、ひいてはその脅威が英領のビルマそして生命線のインドにまで及びかねないこと、などを説いた。

南アフリカでボーア戦争をしているイギリスには極東に割く兵力がなく、極東は信頼できる日本軍に頼るしかない、と衆議一決した。一方の日本はイギリスの有する世界一の海軍力、そして何より世界中に網を張ったイギリスの情報力に期待した。

日英同盟は一九〇二年一月三十日、正式に調印された。日本の国民は超一流国との同盟に大喜びだった。各戸には日英の国旗が飾られた。英国民も喜んだ。北京籠城に関しては、籠城中の各国居留民には婦女子が混じっていたこともあり、連日ヨーロッパ中で大きく報道されており、「居留民は婦女子を含め全員死亡」などという誤報が出るほどだったが、柴中佐や日本兵はこの大事件でのヒーローとなっていたからである。英国人フレミングは『北京籠城』の中でこう書いた。

「日本軍を指揮した柴中佐は、籠城中のどの将校より有能で経験も豊かだったばかりか、誰からも好かれ尊敬されていた」

柴五郎と日本将兵の武勇、忍耐、規律、公正、謙虚などすべての立居振舞は世界注視のもとで発揮された武士道だった。これは紳士道とよく似ていたから世界、とりわけイギリス人の日本人を見る目が一変したのである。これが日英同盟に結実し、二年後の日露戦争における勝利をもたらした。まさに柴たちの活躍は世界史を動かしたのであった。

会津人流亡の地を訪ねて

会津藩士とその家族合わせて一万七千人が流罪となった北の果て、斗南を訪ねてみたいと思い立った私は、令和五年の七月初め、三沢空港に降り立った。レンタカーで紫陽花の咲く道を下北へ向かった。

一時間半ほど走りむつ市に到着すると、陸奥湾の向うに釜臥山《かまふせやま》が望まれた。猪苗代湖の向うに見える磐梯山を連想させられた。この地に流された会津の人々は郷愁にかられたことだろう。昼食に名物の「みそ貝焼き」を食べた。ホタテの大きな殻の上に名産のホタテ、豆腐、卵、白菜などを乗せ、味噌と一緒に焼いたものである。素朴な郷土料理を賞味してから町に出たが、活気はなく人もほとんど歩いていなかった。厳しい自然や交通の不便により目ぼしい産業のないむつ市は、東京二十三区より広い面積を有しながら人口はたったの五万人ほどである。五郎が飲み水を汲みに通った田名部川は、生活排水が流れこんでいるのか白く濁っていた。

翌朝、むつ市役所に向かった。前もって連絡をしておいたので、下北の地域史に詳しいMさんが待っていてくれた。私が自己紹介をすると、「本物の藤原正彦さんですか」と言った。想像していたよりずっと若々しく好感度の高い紳士だったからであろう。

斗南藩庁の置かれた円通寺を訪れた。まだ赤ん坊の斗南藩主松平容大《かたはる》に代わり、斗南藩大参事として実質七千石ほどのやせ地に流されて来た一万七千人の会津人の命を預っていたのは、会津戦争で千三百人の部下を率いて日光口を守った山川大蔵だった。

妻をこの戦争で失った彼は後に東京で高等師範学校長を務めた。弟に山川健次郎東京帝大総長がいる。斗南の窮乏生活から救い出そうと函館へ里子に出した妹の捨松は、その後アメリカに留学し、名門ヴァッサー大学で卒業生総代になるなど才能を発揮し、帰国後は陸軍元帥となる旧薩摩藩士大山巖に嫁いだ。薩摩弁と会津弁で話はチンプンカンプンだったので、二人はフランス語で話したという。大山が会津鶴ヶ城の攻略に参加していただけに、捨松の結婚は親戚一同から反対されたが、意志を貫いた。後に英仏独語を駆使し「鹿鳴館の花」として活躍し、日本で初めての看護婦学校を設立した。

円通寺の裏には大きな墓地があった。高さ五十センチほどの小さな墓石がいくつも目に入った。その一つには「元会津藩士手代木勝富妻小川氏墓」と刻まれていた。妻の名は小川氏出身というだけで書いていない。裏に明治三年十一月十四日とあったので胸を衝かれた。到着して間もなく始まった冬を越せず死亡したのだ。着の身着のままでようやく辿り着いた地は、肥沃な会津盆地に黄金色の稲穂が揺れる故郷とはまったく異なり、米どころか稗や粟がやっとというやせ地だった。ここで生きなければならない苛酷さに悲観した。その上、それまで士道を軸に真っ直ぐに生き、藩財政の窮乏に耐えながら京都で懸命に天皇をお守りしてきた自分達が、理不尽な理由により、今や恥ずべき逆賊となってしまったことに絶望した。これらに身を切るような寒さも加わり、弱い者から生きる力を失ってしまったのだ。

同じようなお年寄の墓石がいくつも目についた。墓地の中央に黒御影石の立派な墓が立っていた。裏に回るとこう書かれていた。「戊辰戦争以後、正に苦難の道であった。正義を尊び、士道に生きた先祖たち、今、安らかに眠りにつく　平成十六年七月二十五日　六代小町屋侑三・ひほる」。そのまま斗南の地に残った会津人の子孫の方であろう。

いまは恨むにあらず

Mさんの案内で次に訪れたのは田名部郊外の斗南ヶ丘だった。山川大蔵が誰も住まないこの原野に、会津人が自立して生きて行かれるようなモデル地区を作ろうと、二百戸ほどのバラックを建設し、周囲を開墾する計画を立てたのである。今は一軒も残っていないが、大風で屋根が吹っ飛ぶような粗末なものだったらしい。傍の「旧斗南藩墳墓の地」には彼等の墓があった。京都近江屋で坂本竜馬を斬り殺した、小太刀日本一の佐々木只三郎の父親の墓もあった。

斗南ヶ丘の中央に立つ立派な碑には、「秩父宮両殿下御成婚記念碑」と彫ってある。昭和十一年にここを訪れた両殿下を記念したものであった。秩父宮妃殿下勢津子さまは松平容保公の孫である。この婚礼が昭和三年に行なわれた時、全会津人が「これで逆賊の汚名が雪がれた」と泣いて喜んだという。当時、東大、京大、九大の総長を退き枢密顧問官をしていた山川健次郎が、奔走した賜《たまもの》であった。

実際この昭和三年、山川健次郎と陸軍大将を退役した柴五郎は、京都守護職の会津藩一千名の本陣であり、戊辰戦争殉難者の墓地もある京都の金戒《こんかい》光明寺を訪れ、殉難者の霊にこの記念すべき婚礼を報告している。この寺が好きで毎年訪れている私は、この時の写真を見る機会があったが、両人とも実に晴れ晴れとした表情をしていた。

柴五郎は決して偉ぶらない人だった。陸軍大将を退役した後、北海道巡遊の帰り、下北を二度も訪れている。そして半世紀余り前、少年だった自分に親切にしてくれた地元の人々に改めて感謝を伝えた。斗南時代に暖かい衣服を持たなかった五郎は、刀鍛冶の二本柳家に行っては火のそばで暖をとらせてもらった。下北訪問の時、五郎は懐旧の念に駆られてこの鍛冶屋を訪れ、お世話になった人の孫に感謝を述べた。孫の方は陸軍大将の突然の訪問にさぞ仰天恐縮したであろう。祖父の鍛えた美しい槍をこの訪問の記念に、と五郎に贈った。五郎は東京に戻ってからすこぶる丁寧なお礼の手紙を送っている。また、青森県庁の給仕として採用された十一歳の時、金のない五郎に餞別として青森までの旅費をくれた人の夫人が、まだ生きていたので感謝を伝えている。五郎の暖かさは下北人の暖かさと共鳴していたのである。

晩年、柴五郎は『ある明治人の記録――会津人柴五郎の遺書』の草稿を半紙に毛筆で記した。序文の一行目はこう始まった。

「いくたびか筆とれども、胸塞《ふさ》がり涙さきだちて綴《つづ》るにたえず、むなしく年を過《すご》して齢《よわい》すでに八十路《やそじ》を越えたり。……故郷の山河を偲《しの》び、過ぎし日を想えば心安からず、老残の身の迷いならんと自ら叱咤《しった》すれど、懊悩流涕《おうのうりゅうてい》やむことなし」

続いてこうも書く。

「時移りて薩長の狼藉者も、いまは苔むす墓石のもとに眠りてすでに久し。恨みても甲斐なき繰言《くりごと》なれど、ああ、いまは恨むにあらず、怒るにあらず、ただ口惜しきことかぎりなく、心を悟道に託すること能《あた》わざるなり」

世界の「柴中佐」となり、陸軍大将にまで昇りつめ、功成り名を遂げた柴五郎が、八十路を越えてなお、薩長への深い恨みを忘れよう、安らぎを得ようと死闘しているのである。結びにはこう書いた。

「悲運なりし地下の祖母、父母、姉妹の霊前に伏して思慕の情やるかたなく、この一文を献ずるは血を吐く思いなり」

五郎はこの草稿を死を前にして会津若松の菩提寺に納め、門外不出とした。正義を世に訴えるためのものではなく、柴家の人々の無念を鎮め菩提を弔うためのものであった。

柴五郎は大東亜戦争終結の一ヵ月後、遺書を書いてから母たちのように日本刀による自決を試みた。八十五歳の老齢により果たせなかったが、その傷がもとで三ヵ月後に亡くなった。現在は、幼い柴五郎が焼跡の中から泣きながら拾い集めた祖母、母、姉妹の遺骨と並んで、会津若松の恵倫寺に眠っている。

藤原正彦（ふじわら　まさひこ）

お茶の水女子大学名誉教授。1943年旧満州新京生まれ。新田次郎・藤原てい夫妻（共に作家）の次男。東京大学理学部数学科卒業、同大学院修士課程修了、理学博士（東京大学）。コロラド大学助教授、お茶の水女子大学理学部教授を歴任。78年『若き数学者のアメリカ』で日本エッセイスト・クラブ賞、2009年「名著講義」で文藝春秋読者賞受賞。主著に『日本人の真価』『国家の品格』『日本人の誇り』『数学者列伝　天才の栄光と挫折』、『孤愁〈サウダーデ〉』（新田次郎との共著）などがある。

文春新書

1459

藤原正彦《ふじわらまさひこ》の代表的《だいひょうてき》日本人《にほんじん》

2024年7月20日　第1刷発行

著　者　藤原正彦
発行者　大松芳男
発行所　株式会社　文藝春秋

〒102-8008　東京都千代田区紀尾井町3-23
電話（03）3265-1211（代表）

印刷所　理想社
付物印刷　大日本印刷
製本所　大口製本

定価はカバーに表示してあります。
万一、落丁・乱丁の場合は小社製作部宛お送り下さい。
送料小社負担でお取替え致します。

ISBN978-4-16-661459-2